U0798398

江苏省
女职工劳动保护特别规定

宣传手册

江苏省总工会◎编

Special Provisions on Labor
Protection for Female
Workers in Jiangsu Province

中国工人出版社

图书在版编目（CIP）数据

《江苏省女职工劳动保护特别规定》宣传手册 / 江苏省总工会编.
—北京：中国工人出版社，2018.6
ISBN 978-7-5008-7025-8

Ⅰ.①江…　Ⅱ.①江…　Ⅲ.①妇女劳动保护—劳动法—法律解释—江苏
Ⅳ.①D927.532.545

中国版本图书馆CIP数据核字（2018）第129540号

《江苏省女职工劳动保护特别规定》宣传手册

出 版 人	芮宗金
责任编辑	赵晨羽
责任校对	孙湎伟
责任印制	栾征宇
出版发行	中国工人出版社
地　　址	北京市东城区鼓楼外大街45号　邮编：100120
网　　址	http://www.wp-china.com
电　　话	（010）62005043（总编室） （010）62005039（出版物流部） （010）82075935（工会与劳动关系分社）
发行热线	（010）62033018　（010）82081553（传真）
经　　销	各地书店
印　　刷	北京美图印务有限公司
开　　本	880毫米×1230毫米　1/32
印　　张	6
字　　数	120千字
版　　次	2018年7月第1版　2018年9月第2次印刷
定　　价	25.00元

本书如有破损、缺页、装订错误，请与本社出版物流部联系更换
版权所有　侵权必究

前言

《江苏省女职工劳动保护特别规定》（以下简称《特别规定》）已于2018年1月1日正式施行。这部规章的制定出台，适应了我省经济社会发展和法治建设的需要，充分体现了省委、省政府对民生的高度重视，对全省女职工的关心关爱，凝聚了各级党政、社会各界和全省工会组织的智慧力量。它的颁布实施，对于推动国家人口发展战略有效实施，促进劳动关系和谐与社会稳定，实现国家规定和我省相关法律法规更加有效地配套衔接，依法做好新形势下女职工劳动保护工作，切实维护女职工合法权益和特殊利益，更好地激发和调动全省女职工投身“强富美高”新江苏建设的积极性、创造性等方面，都具有十分重要的现实意义和深远的历史意义。

为了推动《特别规定》的学习宣传贯彻，我们编写了这本宣传手册，旨在帮助各级工会干部和广大女职工，充分认识《特别规定》颁布实施的重要意义，准确把握其立法宗旨、适用范围和具体内容，增强法治意识，丰富法律知识，提高依法维权能力。

同时，积极推动将《特别规定》纳入各级党政、企业经营者和社会相关方面的培训内容，普及女职工权益法律法规知识，促进用人单位增强守法意识，切实履行法律责任，引导女职工学法、用法、守法，依法表达自身的合法权益和利益诉求。

江苏省总工会女职工部

2018 年 7 月

目录

第一部分

《江苏省女职工劳动保护特别规定》相关文本

江苏省人民政府令
第122号

《江苏省女职工劳动保护特别规定》已于2018年5月2日经省人民政府第5次常务会议讨论通过，现予发布，自2018年7月1日起施行。

省长：吴政隆

2018年5月8日

江苏省女职工劳动保护特别规定

第一条 为了减少和解决女职工在劳动中因生理特点造成的特殊困难，保护女职工的安全和健康，根据国务院《女职工劳动保护特别规定》以及有关法律、法规，结合本省实际，制定本规定。

第二条 本省行政区域内的国家机关、企业、事业单位、社会团体、个体经济组织、民办非企业单位以及其他社会组织等（以下统称用人单位）及其女职工，适用本规定。

第三条 企业、民办非企业单位以及实行企业化管理的事业单位应当就女职工特殊权益保护与工会开展集体协商，并订立女职工特殊保护专项集体合同（或者在集体合同中专章规定女职工特殊保护内容）。

第四条 用人单位招用劳动者，除国家规定不适合妇女的工种或者岗位外，不得以性别或者变相以性别为由拒绝接收符合条件的女性或者提高女性的报名、录用标准。

用人单位录用女职工，不得在劳动合同（含聘用合同，下同）中约定限制女职工结婚、生育的内容。

用人单位不得因女职工结婚、怀孕、生育、哺乳等情形降低其工资和福利待遇、予以辞退、单方与其解除劳动合同。

第五条　用人单位应当建立健全女职工劳动保护和安全生产制度，提供劳动保障措施，改善劳动条件，防止职业危害，为女职工提供符合安全和职业卫生要求的工作场所和条件。

第六条　用人单位应当对女职工开展劳动安全卫生知识、职业技能以及劳动保护相关法律知识的教育和培训。

第七条　用人单位应当遵守女职工禁忌从事的劳动范围的规定。女职工禁忌从事的劳动范围按照国务院《女职工劳动保护特别规定》的附录执行。

用人单位应当对本单位的岗位进行划分，明确女职工禁忌从事及在经期、孕期、哺乳期禁忌从事的劳动岗位。

第八条　用人单位应当在与女职工订立的劳动合同中明确，或者以其他书面形式告知下列事项：

（一）本单位属于女职工禁忌从事劳动范围的岗位；

（二）本单位属于女职工在经期、孕期、哺乳期禁忌从事劳动范围的岗位；

（三）本单位女职工劳动保护制度；

（四）所从事岗位工作可能产生的职业病危害及其后果；

（五）所从事岗位的职业病防护措施和待遇；

（六）从事接触职业病危害作业的劳动者，应当享有的适当岗位津贴；

（七）法律、法规、规章规定应当告知女职工的其他事项。

前款第四项、第五项应当在劳动合同中列明。

第九条 用人单位应当给予经期女职工下列保护：

（一）不得安排国家规定的经期禁忌从事的劳动，应当暂时调做其他工作，或者休息1至2天；

（二）对其他工种的女职工，月经过多或者因痛经不能坚持工作的，经医疗机构证明，安排休息1至2天。

有条件的用人单位，可以每月发放一定的卫生用品或者费用。

第十条 用人单位安排已婚待孕女职工从事国家规定的孕期禁忌从事的劳动，应当征得女职工同意。

第十一条 用人单位应当给予孕期女职工下列保护：

（一）不得安排国家规定的孕期禁忌从事的劳动；

（二）不能适应原劳动的，应当根据医疗机构的证明，予以减轻劳动量或者安排其他能够适应的岗位；

（三）在劳动时间内进行产前检查的，所需时间计入劳动时间；

（四）怀孕不满3个月和7个月以上的，不得延长劳动时间或者安排夜班劳动，并每日安排不少于1小时工间休息；

（五）怀孕不满3个月需要保胎休息或者怀孕7个月以上且

上班确有困难的，应当根据医疗机构的证明安排其休息。

前款第三项、第四项情形下有劳动定额的，减少相应的劳动量；第五项情形下休息期间的工资按照劳动合同或者集体合同约定计发，但不得低于当地最低工资标准的80%。

女职工怀孕后，经本人申请，用人单位同意安排其在孕期休息的，休息期间的工资由双方协商确定，劳动合同或者集体合同另有约定的，从其约定。

第十二条 用人单位应当给予生育或者终止妊娠的女职工下列保护：

（一）生育的，享受98天产假，其中产前可以休假15天，符合《江苏省人口与计划生育条例》规定生育的，延长产假30天。难产的，增加产假15天；生育多胞胎的，每多生育1个婴儿，增加产假15天；

（二）怀孕不满2个月流产的，享受不少于20天的产假；

（三）怀孕满2个月不满3个月流产的，享受不少于30天的产假；

（四）怀孕满3个月不满7个月流产、引产的，享受不少于42天的产假；

（五）怀孕满7个月引产的，享受不少于98天的产假。

第十三条 用人单位应当给予实施计划生育手术的女职工下列保护：

（一）实行输卵管结扎或者复通手术的，享受21天的假期；

（二）放置或者取出宫内节育器的，享受2天的假期。

第十四条 女职工享受产假或者计划生育手术休假期间，按照国家和省规定享受职工生育保险待遇。

第十五条 女职工产假期满恢复工作时，允许有1周至2周的时间逐步恢复原定额的劳动量。

用人单位原则上应当安排女职工在原岗位上班，如因特殊情况需要变动的，应当与女职工协商解决。

第十六条 用人单位应当给予哺乳未满1周岁婴儿的女职工下列保护：

（一）不得安排国家规定的哺乳期禁忌从事的劳动；

（二）不得延长劳动时间或者安排夜班劳动；

（三）实行劳动定额的，减少相应劳动量；

（四）每日劳动时间内应当安排不少于1小时的哺乳时间；生育多胞胎的，每多哺乳1个婴儿，每天增加1小时哺乳时间。

哺乳时间以及在本单位内哺乳往返途中时间计入劳动时间。

第十七条 经本人申请，用人单位批准，女职工可以休不超过6个月的哺乳假，待遇不得低于当地最低工资标准的80%，超过6个月的，待遇由双方协商确定。

第十八条 女职工更年期综合症症状严重，不能适应原岗位工作，申请减轻劳动量或者调整工作岗位的，用人单位应当根据医疗机构证明和实际情况给予适当安排。

第十九条 用人单位应当采取下列措施预防和制止对女职工的性骚扰：

（一）制定禁止劳动场所性骚扰的规章制度；

（二）开展预防和制止性骚扰的教育培训活动；

（三）提供免受性骚扰的工作环境；

（四）畅通投诉渠道，及时处理并保护当事人隐私；

（五）预防和制止对女职工性骚扰的其他措施。

第二十条 用人单位应当根据女职工的需要，建立女职工卫生室、孕妇休息室、哺乳室等设施，解决女职工在生理卫生、哺乳方面的困难。鼓励用人单位依托社会专业机构建立托幼机构。

第二十一条 用人单位应当做好下列女职工卫生保健工作：

（一）为从事接触职业病危害作业的女职工安排上岗前、在岗期间和离岗时的职业健康检查，承担检查费用，书面告知检查结果，建立职业健康监护档案；

（二）每年至少安排 1 次妇女常见病普查，对年满 35 周岁的女职工应当增加乳腺癌、宫颈癌筛查。

女职工在用人单位安排的时间内进行健康检查的，所需时间计入劳动时间。

第二十二条 县级以上地方人民政府应当加强对女职工劳动保护工作的领导，督促有关行政部门履行女职工劳动保护监督检查职责，将用人单位履行女职工劳动保护职责情况纳入社会信用体系，对在女职工劳动保护工作中取得显著成绩的用人单位给予奖励。

县级以上地方人民政府人力资源社会保障、卫生等有关部门应当按照各自职责，做好女职工劳动保护监督管理工作，宣传普及女职工劳动保护法律知识。

工会、妇女组织依法维护女职工的合法权益和特殊利益，对用人单位遵守女职工劳动保护法律、法规和规章的情况进行监督。

第二十三条 用人单位违反本规定，法律、法规已有处罚规定的，从其规定。

用人单位违反本规定，侵害女职工合法权益和特殊利益的，女职工可以依法投诉、举报、申诉，依法向劳动人事争议调解仲裁机构申请调解仲裁，对仲裁裁决不服的，依法向人民法院提起诉讼。

女职工依法向人力资源社会保障、卫生等行政主管部门以及工会、妇女组织投诉、举报、申诉，收到投诉、举报、申诉的部门或者组织应当依法及时调查、处理。

第二十四条 本规定自 2018 年 7 月 1 日起施行。1989 年 2 月 19 日江苏省人民政府发布的《江苏省女职工劳动保护办法》（苏政发〔1989〕24 号）同时废止。

《江苏省女职工劳动保护特别规定》与《江苏省女职工劳动保护办法》《女职工劳动保护特别规定》对照表

江苏省女职工劳动保护特别规定（2018 年）	江苏省女职工劳动保护办法（1989 年）	女职工劳动保护特别规定（2012 年）
第一条　为了减少和解决女职工在劳动中因生理特点造成的特殊困难，保护女职工的安全和健康，根据国务院《女职工劳动保护特别规定》以及有关法律、法规，结合本省实际，制定本规定。	第一条　为保护女职工在劳动中的安全和健康，维护女职工的合法权益，根据国务院《女职工劳动保护规定》，结合我省实际情况，制定本办法。	第一条　为了减少和解决女职工在劳动中因生理特点造成的特殊困难，保护女职工健康，制定本规定。
第二条　本省行政区域内的国家机关、企业、事业单位、社会团体、个体经济组织、民办非企业单位以及其他社会组织等（以下统称用人单位）及其女职工，适用本规定。	第二条　本办法适用于本省境内一切国家机关、人民团体、企业和事业单位（以下统称单位）的女职工。	第二条　中华人民共和国境内的国家机关、企业、事业单位、社会团体、个体经济组织以及其他社会组织等用人单位及其女职工，适用本规定。
第三条　企业、民办非企业单位以及实行企业化管理的事业单位应当就女职工特殊权益保护与工会开展		

续 表

江苏省女职工劳动保护特别规定（2018年）	江苏省女职工劳动保护办法（1989年）	女职工劳动保护特别规定（2012年）
集体协商，并订立女职工特殊保护专项集体合同（或者在集体合同中专章规定女职工特殊保护内容）。		
第四条　用人单位招用劳动者，除国家规定不适合妇女的工种或者岗位外，不得以性别或者变相以性别为由拒绝接收符合条件的女性或者提高女性的报名、录用标准。 用人单位录用女职工，不得在劳动合同（含聘用合同，下同）中约定限制女职工结婚、生育的内容。 用人单位不得因女职工结婚、怀孕、生育、哺乳等情形降低其工资和福利待遇、予以辞退、单方与其解除劳动合同。	第三条　凡适合妇女从事劳动的单位，不得以任何借口拒绝招收女职工。 第五条　不得在女职工怀孕期、产期、哺乳期降低其基本工资，或者解除其劳动合同。	第五条　用人单位不得因女职工怀孕、生育、哺乳降低其工资、予以辞退、与其解除劳动或者聘用合同。
第五条　用人单位应当建立健全女职工劳动保护和安全生产制度，提供劳动保障措	第四条　各单位应积极改善劳动条件，为女职工创造安全、文明的劳动环境。	

续 表

江苏省女职工劳动保护特别规定（2018年）	江苏省女职工劳动保护办法（1989年）	女职工劳动保护特别规定（2012年）
施，改善劳动条件，防止职业危害，为女职工提供符合安全和职业卫生要求的工作场所和条件。		
第六条　用人单位应当对女职工开展劳动安全卫生知识、职业技能以及劳动保护相关法律知识的教育和培训。		第三条　用人单位应当加强女职工劳动保护，采取措施改善女职工劳动安全卫生条件，对女职工进行劳动安全卫生知识培训。
第七条　用人单位应当遵守女职工禁忌从事的劳动范围的规定。女职工禁忌从事的劳动范围按照国务院《女职工劳动保护特别规定》的附录执行。 用人单位应当对本单位的岗位进行划分，明确女职工禁忌从事及在经期、孕期、哺乳期禁忌从事的劳动岗位。	第六条　禁止安排女职工从事矿山井下、国家规定的第四级体力劳动强度的劳动和其他女职工禁忌从事的劳动。	第四条　用人单位应当遵守女职工禁忌从事的劳动范围的规定。用人单位应当将本单位属于女职工禁忌从事的劳动范围的岗位书面告知女职工。 女职工禁忌从事的劳动范围由本规定附录列示。国务院安全生产监督管理部门会同国务院人力资源社会保障行政部门、国务院卫生行政部门根据经济社会发展情况，对女职工禁忌从事的劳动范围进行调整。

续 表

江苏省女职工劳动保护特别规定（2018年）	江苏省女职工劳动保护办法（1989年）	女职工劳动保护特别规定（2012年）
第八条　用人单位应当在与女职工订立的劳动合同中明确，或者以其他书面形式告知下列事项： （一）本单位属于女职工禁忌从事劳动范围的岗位； （二）本单位属于女职工在经期、孕期、哺乳期禁忌从事劳动范围的岗位； （三）本单位女职工劳动保护制度； （四）所从事岗位工作可能产生的职业病危害及其后果； （五）所从事岗位的职业病防护措施和待遇； （六）从事接触职业病危害作业的劳动者，应当享有的适当岗位津贴； （七）法律、法规、规章规定应当告知女职工的其他事项。 前款第四项、第五项应当在劳动合同中列明。		

续 表

江苏省女职工劳动保护特别规定（2018年）	江苏省女职工劳动保护办法（1989年）	女职工劳动保护特别规定（2012年）
第九条　用人单位应当给予经期女职工下列保护： （一）不得安排国家规定的经期禁忌从事的劳动，应当暂时调做其他工作，或者休息1至2天； （二）对其他工种的女职工，月经过多或者因痛经不能坚持工作的，经医疗机构证明，安排休息1至2天。 有条件的用人单位，可以每月发放一定的卫生用品或者费用。	第七条　女职工在月经期间，所在单位不得安排其从事高处、低温、冷水、野外和国家规定的第三级体力劳动强度的劳动，应暂时调做其他工作，或给予公假一至二天。对其他工种的女职工，月经过多或因痛经不能坚持工作的，经医疗单位证明，给予公假一天。	
第十条　用人单位安排已婚待孕女职工从事国家规定的孕期禁忌从事的劳动，应当征得女职工同意。	第八条　对已婚未孕、怀孕和哺乳期的女职工，单位应将其暂时调离下列作业：铅的冶炼、浇铸，铅粉生产；纯苯的生产、回收；汞的生产、蒸馏、回收；镉的生产，二硫化碳的生产，超过卫生防护要求的剂量当量限值的放射性作业；其他明显危害女性生理机能、影响下	

续 表

江苏省女职工劳动保护特别规定（2018年）	江苏省女职工劳动保护办法（1989年）	女职工劳动保护特别规定（2012年）
	一代健康的有毒有害作业。	
第十一条　用人单位应当给予孕期女职工下列保护： （一）不得安排国家规定的孕期禁忌从事的劳动； （二）不能适应原劳动的，应当根据医疗机构的证明，予以减轻劳动量或者安排其他能够适应的岗位； （三）在劳动时间内进行产前检查的，所需时间计入劳动时间； （四）怀孕不满3个月和7个月以上的，不得延长劳动时间或者安排夜班劳动，并每日安排不少于1小时工间休息； （五）怀孕不满3个月需要保胎休息或者怀孕7个月以上且上班确有困难的，应当根据医疗机构的证明安排其休息。 前款第三项、第四项	第九条　对怀孕的女职工不得安排其从事国家规定的第三级体力劳动强度的劳动和孕期禁忌从事的劳动。 对从事经常弯腰、攀高、下蹲、抬举、搬运等容易引起流产、早产的作业的女职工，经医疗单位证明，应暂时调做其他工作或酌情减轻其工作量。 对怀孕的女职工不得安排加班加点，其在劳动时间内进行产前检查，算作劳动时间，并扣除相应的劳动定额。 怀孕七个月以上（含七个月）的女职工，一般不得安排其从事夜班劳动。 在劳动时间内应给予工间休息一小时，并扣除相应的劳动定额。 上班确有困难者，经本人申请，单位批准，	第六条　女职工在孕期不能适应原劳动的，用人单位应当根据医疗机构的证明，予以减轻劳动量或者安排其他能够适应的劳动。 对怀孕7个月以上的女职工，用人单位不得延长劳动时间或者安排夜班劳动，并应当在劳动时间内安排一定的休息时间。 怀孕女职工在劳动时间内进行产前检查，所需时间计入劳动时间。

续 表

江苏省女职工劳动保护特别规定（2018 年）	江苏省女职工劳动保护办法（1989 年）	女职工劳动保护特别规定（2012 年）
情形下有劳动定额的，减少相应的劳动量；第五项情形下休息期间的工资按照劳动合同或者集体合同约定计发，但不得低于当地最低工资标准的 80%。 女职工怀孕后，经本人申请，用人单位同意安排其在孕期休息的，休息期间的工资由双方协商确定，劳动合同或者集体合同另有约定的，从其约定。	可休产前假六十天。休假期间，其工资不得低于百分之八十。	
第十二条　用人单位应当给予生育或者终止妊娠的女职工下列保护： （一）生育的，享受 98 天产假，其中产前可以休假 15 天，符合《江苏省人口与计划生育条例》规定生育的，延长产假 30 天。难产的，增加产假 15 天；生育多胞胎的，每多生育 1 个婴儿，增加	第十条　女职工的产假不得少于九十天。其中产前休假十五天。难产的，增加产假十五天； 多胞胎生育的，每多生育一个婴儿，增加产假十五天。 怀孕三个月以内流产的女职工，根据医疗单位的证明，给予二十至三十天的产假；三个月以上七个月以	第七条　女职工生育享受 98 天产假，其中产前可以休假 15 天；难产的，增加产假 15 天；生育多胞胎的，每多生育 1 个婴儿，增加产假 15 天。 女职工怀孕未满 4 个月流产的，享受 15 天产假；怀孕满 4 个月流产的，享受 42 天产假。

续 表

江苏省女职工劳动保护特别规定（2018年）	江苏省女职工劳动保护办法（1989年）	女职工劳动保护特别规定（2012年）
产假15天； （二）怀孕不满2个月流产的，享受不少于20天的产假； （三）怀孕满2个月不满3个月流产的，享受不少于30天的产假； （四）怀孕满3个月不满7个月流产、引产的，享受不少于42天的产假； （五）怀孕满7个月引产的，享受不少于98天的产假。	下的，产假四十二天；七个月以上的，产假九十天； 产假期满恢复工作时，允许有一至二周的时间逐步恢复原定额的工作量。	
第十三条　用人单位应当给予实施计划生育手术的女职工下列保护： （一）实行输卵管结扎或者复通手术的，享受21天的假期； （二）放置或者取出宫内节育器的，享受2天的假期。		
第十四条　女职工享受产假或者计划生育手术休假期间，按照		第八条　女职工产假期间的生育津贴，对已经参加生育保险的，

续 表

江苏省女职工劳动保护特别规定（2018年）	江苏省女职工劳动保护办法（1989年）	女职工劳动保护特别规定（2012年）
国家和省规定享受职工生育保险待遇。		按照用人单位上年度职工月平均工资的标准由生育保险基金支付；对未参加生育保险的，按照女职工产假前工资的标准由用人单位支付。 女职工生育或者流产的医疗费用，按照生育保险规定的项目和标准，对已经参加生育保险的，由生育保险基金支付；对未参加生育保险的，由用人单位支付。
第十五条　女职工产假期满恢复工作时，允许有1周至2周的时间逐步恢复原定额的劳动量。 用人单位原则上应当安排女职工在原岗位上班，如因特殊情况需要变动的，应当与女职工协商解决。		
第十六条　用人单位应当给予哺乳未满1周岁婴儿的女职工下	第十一条　有不满一周岁婴儿的女职工，每班劳动时间内给予	第九条　对哺乳未满1周岁婴儿的女职工，用人单位不得延长劳

续 表

江苏省女职工劳动保护特别规定（2018年）	江苏省女职工劳动保护办法（1989年）	女职工劳动保护特别规定（2012年）
列保护： （一）不得安排国家规定的哺乳期禁忌从事的劳动； （二）不得延长劳动时间或者安排夜班劳动； （三）实行劳动定额的，减少相应劳动量； （四）每日劳动时间内应当安排不少于1小时的哺乳时间；生育多胞胎的，每多哺乳1个婴儿，每天增加1小时哺乳时间。 哺乳时间以及在本单位内哺乳往返途中时间计入劳动时间。	两次哺乳（含人工喂养）时间，每次三十分钟。多胞胎生育的，每多哺乳一个婴儿，每次哺乳时间增加三十分钟。 女职工每班劳动时间内的两次哺乳时间，可以合并使用。哺乳时间和在本单位内哺乳往返途中的时间，算作劳动时间，并扣除相应的劳动定额。 婴儿满周岁后，经医疗单位诊断为体弱儿的，可延长哺乳期，但以不超过半年为限。	动时间或者安排夜班劳动。 用人单位应当在每天的劳动时间内为哺乳期女职工安排1小时哺乳时间；女职工生育多胞胎的，每多哺乳1个婴儿每天增加1小时哺乳时间。
第十七条　经本人申请，用人单位批准，女职工可以休不超过6个月的哺乳假，待遇不得低于当地最低工资标准的80%，超过6个月的，待遇由双方协商确定。	第十二条　女职工在哺乳期内，单位不得安排其从事国家规定的第三级体力劳动强度的劳动和哺乳期禁忌从事的劳动。不得延长其劳动时间，一般不得安排其从事夜班劳动。 上班有困难者，经本人申请，单位批准，	

续　表

江苏省女职工劳动保护特别规定（2018年）	江苏省女职工劳动保护办法（1989年）	女职工劳动保护特别规定（2012年）
	可休半年的哺乳假，工资不低于百分之八十。	
第十八条　女职工更年期综合症症状严重，不能适应原岗位工作，申请减轻劳动量或者调整工作岗位的，用人单位应当根据医疗机构证明和实际情况给予适当安排。	第十四条　女职工患有更年期综合症者，单位应适当减少其工作量。	
第十九条　用人单位应当采取下列措施预防和制止对女职工的性骚扰： （一）制定禁止劳动场所性骚扰的规章制度； （二）开展预防和制止性骚扰的教育培训活动； （三）提供免受性骚扰的工作环境； （四）畅通投诉渠道，及时处理并保护当事人隐私； （五）预防和制止对女职工性骚扰的其他措施。		第十一条　在劳动场所，用人单位应当预防和制止对女职工的性骚扰。

续 表

江苏省女职工劳动保护特别规定（2018年）	江苏省女职工劳动保护办法（1989年）	女职工劳动保护特别规定（2012年）
第二十条　用人单位应当根据女职工的需要，建立女职工卫生室、孕妇休息室、哺乳室等设施，解决女职工在生理卫生、哺乳方面的困难。鼓励用人单位依托社会专业机构建立托幼机构。	第十三条　女职工较多的单位，应按照国家有关规定，以自办或者联办的形式，建立有专人管理的女职工卫生室、孕妇休息室、哺乳室、托儿所、幼儿园等设施。 (一)女职工在一百人以上的单位，应设女职工卫生室；女职工在四十人以上、一百人以下的单位，应设置简易温水箱及冲洗器；流动或分散工作的单位，可发单人自用冲洗用具。 (二)有五名以上哺乳婴儿的单位应设哺乳室。 (三)有二十名以上幼儿的单位应设托儿所。	第十条　女职工比较多的用人单位应当根据女职工的需要，建立女职工卫生室、孕妇休息室、哺乳室等设施，妥善解决女职工在生理卫生、哺乳方面的困难。
第二十一条　用人单位应当做好下列女职工卫生保健工作： （一）为从事接触职业病危害作业的女职工安排上岗前、在岗期间和离岗时的职业健	第十五条　各单位应切实做好女职工卫生保健工作。 (一)对女职工进行就业前健康检查，对患有职业禁忌症者，不得安排其从事禁忌的	

续　表

江苏省女职工劳动保护特别规定（2018 年）	江苏省女职工劳动保护办法（1989 年）	女职工劳动保护特别规定（2012 年）
康检查，承担检查费用，书面告知检查结果，建立职业健康监护档案； （二）每年至少安排 1 次妇女常见病普查，对年满 35 周岁的女职工应当增加乳腺癌、宫颈癌筛查。 女职工在用人单位安排的时间内进行健康检查的，所需时间计入劳动时间。	劳动。 （二）按规定进行定期健康检查，对确诊患有职业病者，应积极予以治疗，并将其调离原岗位，妥善安排工作。定期健康检查按公假处理。 （三）至少每两年对女职工（含退休女职工）普查一次妇女病。普查妇女病按公假处理。	
第二十二条　县级以上地方人民政府应当加强对女职工劳动保护工作的领导，督促有关行政部门履行女职工劳动保护监督检查职责，将用人单位履行女职工劳动保护职责情况纳入社会信用体系，对在女职工劳动保护工作中取得显著成绩的用人单位给予奖励。 县级以上地方人民政府人力资源社会保障、卫生等有关部门应当	第十六条　各单位及其上级主管部门必须指定专人负责女职工劳动保护工作，加强行政管理。 第十八条　对认真贯彻执行本办法，在女职工劳动保护工作中取得显著成绩的个人和单位，由单位或主管部门给予精神鼓励或物质奖励。 第二十条　各级劳动部门对本办法的执行进行监察，各级卫生部门和工会、妇联组	第十二条　县级以上人民政府人力资源社会保障行政部门、安全生产监督管理部门按照各自职责负责对用人单位遵守本规定的情况进行监督检查。 工会、妇女组织依法对用人单位遵守本规定的情况进行监督。

续 表

江苏省女职工劳动保护特别规定（2018年）	江苏省女职工劳动保护办法（1989年）	女职工劳动保护特别规定（2012年）
按照各自职责，做好女职工劳动保护监督管理工作，宣传普及女职工劳动保护法律知识。 工会、妇女组织依法维护女职工的合法权益和特殊利益，对用人单位遵守女职工劳动保护法律、法规和规章的情况进行监督。	织有权对本办法的执行进行监督。	
第二十三条　用人单位违反本规定，法律、法规已有处罚规定的，从其规定。 用人单位违反本规定，侵害女职工合法权益和特殊利益的，女职工可以依法投诉、举报、申诉，依法向劳动人事争议调解仲裁机构申请调解仲裁，对仲裁裁决不服的，依法向人民法院提起诉讼。 女职工依法向人力资源社会保障、卫生等行政主管部门以及工会、妇女组织投诉、	第十七条　女职工在其权益受到侵害时，有权向所在单位的主管部门或当地劳动部门提出申诉。受理申诉的部门，应当自收到申诉书次日起三十日内作出处理决定。 女职工或单位对处理决定不服的，可在收到处理决定书次日起十五日内，向处理机关提出书面申诉，要求复议，并有权向处理部门的上级机关申诉，或向人民法院起诉。 复议和向上级机关申	第十三条　用人单位违反本规定第六条第二款、第七条、第九条第一款规定的，由县级以上人民政府人力资源社会保障行政部门责令限期改正，按照受侵害女职工每人1000元以上5000元以下的标准计算，处以罚款。 用人单位违反本规定附录第一条、第二条规定的，由县级以上人民政府安全生产监督管理部门责令限期改正，按照受侵害女职工每人1000元以上

续 表

江苏省女职工劳动保护特别规定（2018 年）	江苏省女职工劳动保护办法（1989 年）	女职工劳动保护特别规定（2012 年）
举报、申诉，收到投诉、举报、申诉的部门或者组织应当依法及时调查、处理。	诉期间必须执行原处理决定。 第十九条　对违反本办法、侵害女职工权益的单位的负责人及直接责任者，主管部门应当根据情节轻重，给予行政处分，并责令该单位给予被侵害的女职工以合理的经济补偿。 经劳动部门确认为违反以上规定的单位，不得评为先进单位和国家二级企业。	5000 元以下的标准计算，处以罚款。用人单位违反本规定附录第三条、第四条规定的，由县级以上人民政府安全生产监督管理部门责令限期治理，处 5 万元以上 30 万元以下的罚款；情节严重的，责令停止有关作业，或者提请有关人民政府按照国务院规定的权限责令关闭。 第十四条　用人单位违反本规定，侵害女职工合法权益的，女职工可以依法投诉、举报、申诉，依法向劳动人事争议调解仲裁机构申请调解仲裁，对仲裁裁决不服的，依法向人民法院提起诉讼。 第十五条　用人单位违反本规定，侵害女职工合法权益，造成女职工损害的，依法给予赔偿；用人单位及其直接负责的主管

续 表

江苏省女职工劳动保护特别规定（2018年）	江苏省女职工劳动保护办法（1989年）	女职工劳动保护特别规定（2012年）
		人员和其他直接责任人员构成犯罪的，依法追究刑事责任。
第二十四条　本规定自2018年7月1日起施行。1989年2月19日江苏省人民政府发布的《江苏省女职工劳动保护办法》（苏政发〔1989〕24号）同时废止。	第二十四条　本办法自公布之日起执行。	第十六条　本规定自公布之日起施行。1988年7月21日国务院发布的《女职工劳动保护规定》同时废止。

关于《江苏省女职工劳动保护特别规定（草案）》的说明

江苏省总工会

一、废旧立新的必要性和可行性

（一）废旧立新的必要性

女职工是工人阶级的重要组成部分，是推动经济社会发展不可或缺的重要力量。加强女职工劳动保护工作，关系女职工和下一代的身心健康，关系千万家庭的幸福和民族素质的提升，也关系着经济社会发展的大局。我省 1989 年制定实施的《江苏省女职工劳动保护办法》，在帮助和解决女职工劳动中因生理特点造成的特殊困难，维护女职工合法权益和特殊利益，激发和调动女职工参与改革建设的积极性等方面，发挥了重要作用。随着经济社会快速发展，女职工劳动保护的内部需求和外部环境都发生了相应变化，国家已于 2012 年 4 月颁布实施《女职工劳动保护特别规定》，《江苏省女职工劳动保护办法》在有关内容上明显滞后，迫切需要进行修改、补充和完善。

一是完善国家人口发展战略的迫切需要。“全面二孩”是我国计划生育政策的重大调整。但近年来我们的多次调研结果显示，青年职工生育二孩的意愿并不强烈，养育成本、工作压力以及对就业和职业发展的影响，是制约“全面二孩”政策落地的重要因素。因此，有必要通过立法突出保护女职工的用工平等和特殊权益，推动养育成本社会化，从而减轻青年职工的生育顾虑，提高我国人口出生率和人口素质。

二是深化依法治国实践的战略需要。“男女平等”是我国的基本国策，对女性特别是女职工劳动权益的维护，已经成为中国特色社会主义法律体系的重要内容。多年来，我省在维护女职工合法权益和特殊利益方面的成功实践，为女职工劳动保护地方立法提供了经验支撑，完全可以将这部分内容以立法的形式固定下来，实现以良法促进发展、保障善治。

三是维护女职工合法权益和特殊利益的现实需要。随着改革不断深化，我国女职工队伍构成发生了深刻变化，农民工成为女职工队伍中的重要组成部分。随着“全面二孩”政策的推进，女职工劳动保护工作出现了许多新情况新问题。如就业中性别歧视的现象仍较为普遍；生育仍是制约女职工职业发展的首要因素；部分企业，特别是中小非公企业劳动安全卫生条件长期得不到改善，女职工“四期”保护措施不到位，有的甚至将女职工安排在职业危害和劳动禁忌岗位作业，严重影响了女职工的身心健康；随着高新技术的快速发展，很多岗位对女职工的隐性伤害还没有明确的界定等。这些都迫切需要通过立法来推动解决。

（二）废旧立新的可行性

《江苏省女职工劳动保护特别规定》废旧立新的条件逐渐成熟。

一是女职工权益保障法律、地方性法规依据充分。在国家层面，2012 年国务院颁布实施了《女职工劳动保护特别规定》，这是我省地方立法的上位法依据；全国人大修订出台了《人口和计划生育法》《母婴保健法》《职业病防治法》等有关女职工权益保障的法律。在地方层面，我省出台了《江苏省劳动合同条例》《江苏省集体合同条例》《江苏省职工生育保险规定》《江苏省人口和计划生育条例》《江苏省实施〈母婴保健法〉办法》等地方性法规和规章，为废旧立新提供了参考依据。

二是社会各界要求立法的呼声强烈。近年来，每年省“两会”期间，都有人大代表和政协委员就我省女职工劳动保护地方立法提出相关建议。一些专家学者、社会团体、基层工会组织和职工，也通过多种渠道和途径，表达对女职工劳动保护地方立法的殷切希望和极大关注。与此同时，全国总工会对各级工会推动女职工劳动保护地方立法也提出了明确要求。

三是外省相关立法实践对我省地方立法起到了积极的推动和

借鉴作用。自2012年国务院《女职工劳动保护特别规定》颁布实施后，山西、广东、浙江、湖北、安徽、河北、江西、宁夏等八省（区），已经相继出台女职工劳动保护地方性法规或政府规章，其中不少创新性条款为我省立法工作提供了值得借鉴的经验和参考依据。

二、工会组织参与《特别规定》制定的有关情况

积极参与和推动保障女职工权益法律法规的制定与完善，是工会组织义不容辞的重要职责。一是从2012年开始，我会围绕推动《特别规定》制定，连续5年组织全省女职工系统开展女职工权益法律法规贯彻落实情况等一系列专题调研摸清情况；二是发挥工会届人大代表、政协委员参政议政作用，通过提案建议案，充分表达女职工的合理利益诉求，提出工会组织的意见和主张；三是2016年，《特别规定》列入省政府立法调研项目后，我们成立了立法调研小组，通过网络问卷、座谈讨论、实地走访、专家论证等多种形式，先后开展百余次专题调研，为该项目正式列入省政府立法计划奠定了坚实基础；四是从2017年3月份开始，在省法制办三轮公开征求意见过程中，我们就《特别规定》草案的修改完善，主动加强与人社、卫计、安监、妇联等方面的沟通交流，通过立法考察、立法论证会等多种形式，协助有关方

面，梳理意见、反馈信息，为《特别规定》草案进一步完善作了大量基础工作。

三、《规定（草案）》需要说明的主要问题

（一）废旧立新的指导思想和基本原则

以党的十九大精神和习近平新时代中国特色社会主义思想为指导，坚持科学立法、民主立法、依法立法。在草案的起草过程中，我们着重把握三个原则：一是突出保护女职工的立法宗旨；二是平衡女性就业、职业发展和企业发展三者之间的关系；三是维护国家法制统一、法律法规相互衔接，有针对性地解决女职工劳动保护问题。

（二）废旧立新的主要内容

《江苏省女职工劳动保护特别规定（草案）》共二十八条，主要修改、增加了下列内容。

一是扩大适用范围。明确以切实保护女职工在劳动中的合法权益和特殊利益为立法宗旨，适用于本省行政区域内的国家机关、企业、事业单位、社会团体、个体经济组织、民办非企业单位以及其他社会组织等及其女职工。我省行政区域内所有用人单位中，以工资收入为主要生活来源的女性体力劳动者和脑力劳动者，均依法得到了保护。

二是细化女职工“五期”劳动保护措施。关于经期保护，规定女职工因痛经不能坚持工作的，经医保定点医疗机构证明后可以休息1至2天，同时鼓励有条件的用人单位每月发放一定的卫生用品或者费用。**关于更年期保护，**规定更年期综合症症状严重的女职工，可以申请减轻劳动量或者调整工作岗位，用人单位应当根据医疗机构证明和实际情况给予适当安排。**关于孕期保护，**规定对怀孕不满3个月的女职工，用人单位不得延长劳动时间或者安排夜班劳动，并每日安排不少于1小时工间休息；女职工如果需要保胎休息，经本人申请并提交医疗机构证明，单位应当安排休息。**关于产期保护，**规定对流产期女职工给予超过国家规定的流产假，如怀孕不满2个月流产的女职工，可以享受不少于20天的产假（这一规定参考了《江苏省职工生育保险规定》），而国家规定是15天。**关于哺乳期保护，**规定女职工享有1年的哺乳期，在哺乳期内经本人申请及用人单位批准，女职工可以休不超过6个月的哺乳假，休哺乳假期间待遇不得低于当地最低工资标准的80%。此外特别规定，用人单位安排已婚待孕女职工从事国家规定的孕期禁忌从事的劳动，应当征得女职工同意。

三是细化预防和制止职场性骚扰的具体措施。职场性骚扰具有隐蔽性的特点，广大女职工在遭受性骚扰时绝大多数会选择沉默。考虑到用人单位是预防和制止性骚扰的第一关口，规定用人单位应当制定禁止劳动场所性骚扰的规章制度；开展防治性骚扰的教育培训活动；提供免受性骚扰的工作环境；畅通投诉渠道，及时处理并保护当事人隐私等。切实保障女职工的人格尊严，维护女职工的身心健康。

四是强化用人单位对女职工哺乳、育儿和卫生保健等方面的责任。明确用人单位按国家规定，建立女职工卫生室、孕妇休息室、哺乳室等女职工劳动保护设施，鼓励有条件的用人单位依托社会专业机构共同建立托幼机构，妥善解决女职工在生理卫生、哺乳、育儿方面的困难。规定用人单位每年至少安排一次常见病筛查，对年满35周岁的女职工应当增加乳腺癌、宫颈癌等专项检查，在更大程度上保护女职工的身心健康。

五是加大落实女职工劳动禁忌规定的力度。明确用人单位应当遵守女职工禁忌从事的劳动范围的规定，用人单位应当将本单位属于女职工禁忌从事劳动范围的岗位、劳动保护制度、所从事岗位工作可能产生的职业病危害及其后果、职业病危害防护措施和待遇，以及应当享有的适当岗位津贴等，在劳动合同中予以明确，或者以其他书面形式告知。

以上说明及《江苏省女职工劳动保护特别规定（草案）》，请予以研究。

关于《江苏省女职工劳动保护特别规定（草案）》的审核说明

江苏省政府法制办公室

为了贯彻落实 2012 年国务院颁布实施的《女职工劳动保护特别规定》，保护女职工的安全和健康，省总工会起草了《江苏省女职工劳动保护特别规定（草案）》（送审稿）（以下简称送审稿），省法制办进行了审核修改，形成了《江苏省女职工劳动保护特别规定（草案）》（以下简称草案）。现将有关情况说明如下。

1989 年我省出台的《江苏省女职工劳动保护办法》，对于解决女职工在劳动中的特殊困难、保护女职工劳动安全和健康、调动女职工劳动积极性发挥了重要作用。随着经济社会的发展，女职工劳动保护的内部需求和外部环境都发生了重大变化，《江苏省女职工劳动保护办法》已不适应法律要求和现实需要。主要表现在：女职工劳动保护范围不够明确；女职工禁忌从事的劳动范围发生了变化；劳动保护措施规定不够具体，导致不同地区和单位具体执行差别较大；防止性骚扰措施落实难，卫生保健规定缺位；女职工劳动保护的监督和管理需要加强。为了有效解决这些问题，有必要对女职工劳动保护的范围、落实劳动禁忌规定、细化劳动保护措施、强化防止性骚扰和卫生保健措施以及监督和管理等内容进行明确和细化。省总工会于2017年2月向省政府报送了送审稿。收到省政府批转的办件后，我们3次书面征求省政府有关部门和13个省辖市政府的意见，并在江苏政府法制网站上向社会公开征求意见。2017年6月20日至21日、11月22日，我们会同省总工会到安徽省合肥市、江苏省镇江市进行考察调研。在此基础上，我们会同省总工会等有关部门对送审稿反复研究、修改。2017年11月，省人大常委会开始审议《江苏省妇女权益保障条例》，而草案中部分条款的立法依据涉及《江苏省妇女权益保障条例》，需要待《江苏省妇女权益保障条例》的正式颁布。2018年3月28日，省第十三届人大常委会第二次会议审议通过《江苏省妇女权益保障条例》，我们即与起草单位对照《江苏省妇女权益保障条例》对送审稿进行了梳理和修改，形成了草案。有关部门对草案已经形成一致意见。

这部规章制定坚持问题导向，着力完善相关制度，在思路上主要把握了以下几点：一是总结实践经验，将近几年有关女职工劳动保护文件中行之有效的政策、措施上升为规章制度。二是立足实际情况，鼓励养育成本社会化，减轻女职工生育顾虑，使人口出生率和人口素质得到提高。三是明确政府责任，加强对女职工劳动保护的管理和监督。主要内容如下。

一、明确女职工劳动保护的范围

根据《劳动合同法》的规定，调整女职工劳动保护的范围，规定将本省行政区域内的国家机关、企业、事业单位、社会团体、个体经济组织、民办非企业单位以及其他社会组织的女职工纳入保护（第二条），企业、民办非企业单位以及实行企业化管理的事业单位还应当在集体合同中体现女职工特殊保护内容（第三条）。

二、保障女职工劳动安全

为了保障女职工的劳动安全，细化落实国务院《女职工劳动保护特别规定》，作出具体规定：一是提供符合安全和职业卫生要求的工作场所和条件。用人单位应当建立健全女职工劳动保护和安全生产制度，提供劳动保障措施，改善劳动条件并防止职业危害（第五条）。二是开展劳动安全培训。用人单位应当开展劳动安全卫生知识、职业技能和劳动保护相关法律知识的教育和培训（第六条）。三是落实劳动禁忌规定。用人单位应当遵守女职工禁忌从事的劳动范围的规定并对本单位的岗位进行划分（第七条）。在劳动合同或以书面形式告知女职工禁忌从事劳动范围的岗位、劳动保护制度、职业病危害及后果、职业病防护措施和待遇、应当享有的岗位津贴等（第八条）。

三、细化特殊时期劳动保护措施

为了增强劳动保护措施的可操作性，对经期、已婚待孕期、孕期、产期、哺乳期、更年期女职工劳动保护作出系统细化规定：一是将对经期女职工的保护措施落到实处。从事经期禁忌从事劳动的女职工应当暂时调做其他工作或者安排休息（第九条）。二是增加已婚待孕期女职工的保护措施。对已婚待孕期女职工参照孕期女职工进行保护，从事相关劳动应当征得女职工同意（第十条）。三是细化孕期女职工的保护措施。怀孕不满 3 个月的女职工不得延长劳动时间或者安排夜班劳动，明确保胎假及期间的工资待遇（第十一条）。四是细化产期女职工的保护。细化中止妊娠女职工的产假，怀孕不满 2 个月流产的享受不少于 20 天的产假，怀孕满 2 个月不满 3 个月流产的享受不少于 30 天的产假，怀孕满 7 个月引产的享受与正常生育同等的 98 天产假（第十二条）。增加实施计划生育手术女职工的保护（第十三条）。将女职工产假或计划生育手术休假期间享受职工生育保险待遇，与国家和省的规定进行对接（第十四条）。产假期满，允许有 1 周至 2 周的时间逐步恢复原定额的劳动量（第十五条）。五是细化哺乳期女职工的保护措施。实行劳动定额的应当减少劳动量（第十六条）。明确可以休哺乳假的情形及相应的工资标准（第十七条）。六是细化更年期女职工的保护措施。更年期综合症症状严重，不能适应原岗位工作，申请减轻劳动量或者调整工作岗位的，用人单位应当根据医疗机构证明和实际情况给予适当安排（第十七条）。

四、强化防止性骚扰和卫生保健措施

为了女职工的健康，减少职场性骚扰，作出细化规定：一是规定防止性骚扰的具体措施。采取制定规章制度、开展教育培训活动、营造良好工作环境和畅通投诉渠道等预防和制止性骚扰的具体措施（第十九条）。二是建立劳动保护设施。强调应当根据女职工的需要建立相关劳动设施；增加了鼓励建立托幼机构的规定（第二十条）。三是强化卫生保健措施。细化职业病健康检查相关规定；明确每年至少安排1次妇女常见病普查，增加对年满35周岁女职工的乳腺癌、宫颈癌筛查（第二十一条）。

五、加强监督和管理

为了加强女职工劳动保护的监督和管理，作出如下规定：一是强调地方政府及相关行政部门的职责。政府应当将用人单位履职情况纳入社会信用体系（第二十二条）。二是畅通女职工投诉申诉渠道。女职工投诉、举报、申诉的，相关行政主管部门应当及时调查处理（第二十三条）。

建议省政府常务会议审议通过后，将《江苏省女职工劳动保护特别规定》作为规章以政府令公布，同时废止《江苏省女职工劳动保护办法》。

以上说明及草案是否妥当，请审议。

第二部分

《江苏省女职工劳动保护特别规定》知识问答

1 制定《江苏省女职工劳动保护特别规定》的重要意义是什么?

女职工是工人阶级的重要组成部分，是推动经济社会发展不可或缺的重要力量。加强女职工劳动保护工作，关系女职工和下一代的身心健康，关系千万家庭的幸福和民族素质的提升，也关系经济社会发展的大局。制定《江苏省女职工劳动保护特别规定》，具有很强的现实意义。

一是完善国家人口发展战略的迫切需要。根据省总工会多次调研情况显示，目前青年职工生育二孩的意愿并不强烈，养育成本、工作压力以及对就业和职业发展的影响，是制约“全面二孩”政策落地的重要因素。因此，有必要通过立法突出保护女职工的用工平等和特殊权益，推动养育成本社会化，从而减轻青年职工的生育顾虑，推动“全面二孩”政策的有效落地生根，进而促进经济社会全面、协调、可持续性发展。

二是深入贯彻“男女平等”基本国策的战略需要。习近平总书记指出:“没有妇女，就没有人类，就没有社会”，对女性在经济社会发展中的重要作用给予了高度评价。多年来，我省在推进性别平等、保护和调动广大女职工的积极性和创造性方面，做了大量的工作，作出了积极的探索，完全可以将这些成功的实践和经验转化为立法成果，实现以良法促进发展。

三是维护女职工合法权益和特殊利益的现实需要。随着改革的不断深化，我省女职工队伍构成发生了深刻变化，女农民工成为女职工队伍中的重要组成部分。随着市场经济的发展，女职工劳动保护工作出现了许多新情况新问题。如就业中性别歧视的现象仍较为普遍；部分企业特别是中小非公企业劳动安全卫生条件长期得不到改善，女职工“四期”保护措施不到位，有的甚至将女职工安排在职业危害和劳动禁忌岗位作业，严重影响了女职工的身心健康；随着高新技术的快速发展，很多岗位对女职工的隐性伤害还没有明确的界定，等等。这些都迫切需要通过立法来推动解决。

2 《江苏省女职工劳动保护特别规定》的立法亮点有哪些？

《江苏省女职工劳动保护特别规定》在国家法律规定的基础上，结合我省女职工劳动保护工作中好的做法和经验，作出了一些突破性的规定。

一是规定应当订立女职工特殊保护专项集体合同。企业、民办非企业单位以及实行企业化管理的事业单位应当就女职工特殊权益保护与工会开展集体协商，并订立女职工特殊保护专项集体合同或者在集体合同中专章规定女职工特殊保护内容。

二是充分保障女职工的平等就业权。规定用人单位招用劳动者，除国家规定不适合妇女的工种或者岗位外，不得以性别或者变相以性别为由拒绝接收符合条件的女性或者提高女性的报名、录用标准。

三是对已婚待孕的女职工设定特殊保护。规定用人单位安排已婚待孕女职工从事国家规定的孕期禁忌从事的劳动，应当事先征得女职工的同意。

四是规定怀孕女职工可以休“保胎假”。对怀孕不满 3 个月需要保胎休息且上班确有困难的女职工，用人单位应当根据医疗机构的证明安排其休息。

五是规定用人单位应当预防和制止职场性骚扰。用人单位应

当采取制定禁止劳动场所性骚扰的规章制度、开展预防和制止性骚扰的教育培训活动、提供免受性骚扰的工作环境、畅通投诉渠道，及时处理并保护当事人隐私等措施预防和制止对女职工的性骚扰。

3 《江苏省女职工劳动保护特别规定》的适用范围是什么?

《江苏省女职工劳动保护特别规定》将本省行政区域内的国家机关、企业、事业单位、社会团体、个体经济组织、民办非企业单位以及其他社会组织的女职工纳入保护范围，同时规定企业、民办非企业单位以及实行企业化管理的事业单位还应当在集体合同中体现女职工特殊保护的内容。

4 女职工的劳动权益主要有哪些内容?

女职工的劳动权益是指女职工依据我国劳动法律、法规、规章等享有的劳动权利和利益，主要包括：平等就业和选择职业的权利；取得劳动报酬的权利；休息休假的权利；获得劳动安全卫生保障的权利；接受职业技能培训的权利；享受社会保险和保障的权利；提请劳动争议处理的权利，等等。

5 什么是女职工劳动保护?

女职工劳动保护，是针对女职工的生理特点而进行的特殊保护。它主要研究生产过程中劳动条件对女职工身体健康的影响及防止职业有害因素对女性生理机能的影响，以保护女职工能够健康持久地从事生产劳动，保障育龄女职工能够孕育健康的下一代。女职工劳动保护一般包括四个方面的内容：保护母性，即保护女性机能，如“四期”(经期、孕期、产期、哺乳期)保护；规定女职工的工作时间，如怀孕七个月以上和哺乳未满一周岁的女职工禁止加班加点及不得安排夜班等；禁止女职工从事危险有害作业；女性与男性有同等就业机会，同工同酬等。

6 我省对签订女职工特殊保护专项集体合同有什么特殊要求？

《江苏省女职工劳动保护特别规定》中规定，企业、民办非企业单位以及实行企业化管理的事业单位应当就女职工特殊权益保护与工会开展集体协商，并订立女职工特殊保护专项集体合同或者在集体合同中专章规定女职工特殊保护的内容。

7 女职工特殊保护专项集体合同主要包括哪些内容？

（1）女职工的劳动经济权利：劳动就业、同工同酬、休息休假、保险福利待遇等；

（2）女职工的特殊利益：女职工禁忌劳动保护、“四期”保护、妇科疾病普查、生育待遇等；

（3）女职工的政治文化教育发展权利：参与企业民主管理、职业教育、技术技能培训、晋职晋级等；

（4）双方认为应当协商的其他内容。

8 女职工特殊保护专项集体合同和集体合同中关于女职工特殊保护的专章规定有什么区别?

女职工特殊保护专项集体合同和集体合同中关于女职工特殊保护的专章规定，两者协商和签订的程序、法律效力一样，都要经过要约、协商、职代会审议通过、双方首席代表签字、报送劳动行政部门审查、公示或告知等程序。但女职工特殊保护专项集体合同必须经过协商双方首席代表单独签字确认，而集体合同中专章只需在综合性集体合同上签字即可。因此，前者是法律要件齐备、可以单独成立的专门合同，后者则依附于综合性集体合同而存在。

9 如何保护女职工的平等就业权？

平等就业权是一项重要的女性劳动权益。针对存在的诸多女性就业歧视现象，如招录中的性别歧视、就业后的同工不同酬、职场发展歧视等，我国已形成了以《中华人民共和国宪法》为总纲，以《中华人民共和国妇女权益保障法》《中华人民共和国劳动法》《中华人民共和国就业促进法》《女职工劳动保护特别规定》以及相关地方性法规、规章为支撑的保障女性平等就业权的法律体系和政策措施，积极创造公平就业环境，消除就业歧视。《江苏省女职工劳动保护特别规定》规定，用人单位招用劳动者，除国家规定不适合妇女的工种或者岗位外，不得以性别或者变相以性别为由拒绝接收符合条件的女性或者提高女性的报名、录用标准。用人单位录用女职工，不得在劳动合同（含聘用合同，下

同）中约定限制女职工结婚、生育的内容。

10 我省对用人单位与女职工签订书面劳动合同有哪些特殊要求?

用人单位录用女职工，不得在劳动合同（含聘用合同）中约定限制女职工结婚、生育的内容。用人单位应当在与女职工订立的劳动合同中明确，或者以其他书面形式告知下列事项：本单位属于女职工禁忌从事劳动范围的岗位；本单位属于女职工在经期、孕期、哺乳期禁忌从事劳动范围的岗位；本单位女职工劳动保护制度；所从事岗位工作可能产生的职业病危害及其后果；所从事岗位的职业病防护措施和待遇；从事接触职业病危害作业的

劳动者，应当享有的适当岗位津贴；法律、法规、规章规定应当告知女职工的其他事项。

11 用人单位应采取哪些措施做好女职工劳动保护工作?

为切实做好女职工劳动保护工作，用人单位应当严格遵守国家有关劳动安全卫生法律法规，不得安排女职工从事禁忌劳动；要采取措施改善劳动安全卫生条件，加强对劳动安全卫生设备、设施的管理，加强对危险物品、危险源的管理，提供符合标准要求的劳动安全卫生防护用品，进行经常性的劳动安全卫生检查；要保障女职工的知情权，将本单位属于女职工禁忌从事的劳动范围的岗位，书面告知女职工；要对女职工进行劳动安全卫生知识培训，使女职工了解有关劳动安全卫生法律、法规和标准，掌握与本职工作相关的劳动卫生知识与技能，掌握符合劳动安全卫生要求的操作规程，学习正确使用劳动保护防护用品，掌握可能发生事故的应急救援措施，帮助女职工提高自我防护意识和技能。

12 已婚待孕女职工可以享受哪些特殊保护?

用人单位安排已婚待孕女职工从事国家规定的孕期禁忌从事的劳动，应当事先征得女职工的同意。根据国家有关规定，已婚待孕女职工禁忌从事铅、汞、苯、镉等作业场所属于《有毒作业分级》标准中第三、第四级的作业。

13 女职工在经期禁忌从事的劳动范围包括哪些内容?

（1）冷水作业分级标准中规定的第二级、第三级、第四级冷水作业；

（2）低温作业分级标准中规定的第二级、第三级、第四级低温作业；

（3）体力劳动强度分级标准中规定的第三级、第四级体力劳动强度的作业；

（4）高处作业分级标准中规定的第三级、第四级高处作业。

14 女职工在经期享有哪些特殊保护？

除国家有关规定外，我省规定用人单位应当给予经期女职工下列特殊保护：

（1）不得安排国家规定的经期禁忌从事的劳动，应当暂时调做其他工作，或者休息1至2天；

（2）对其他工种的女职工，月经过多或者因痛经不能坚持工作的，经医疗机构证明，安排休息1至2天。

15 用人单位可以给女职工每月发放一定的卫生用品或费用吗？

根据《江苏省女职工劳动保护特别规定》第九条第二款的

规定，有条件的用人单位，可以每月发放一定的卫生用品或者费用。

16 女职工在孕期禁忌从事的劳动范围包括哪些内容？

（1）作业场所空气中铅及其化合物、汞及其化合物、苯、镉、铍、砷、氰化物、氮氧化物、一氧化碳、二硫化碳、氯、己内酰胺、氯丁二烯、氯乙烯、环氧乙烷、苯胺、甲醛等有毒物质浓度超过国家职业卫生标准的作业；

（2）从事抗癌药物、己烯雌酚生产，接触麻醉剂气体等的作业；

（3）非密封源放射性物质的操作，核事故与放射事故的应急处置；

（4）高处作业分级标准中规定的高处作业；

（5）冷水作业分级标准中规定的冷水作业；

（6）低温作业分级标准中规定的低温作业；

（7）高温作业分级标准中规定的第三级、第四级的作业；

（8）噪声作业分级标准中规定的第三级、第四级的作业；

（9）体力劳动强度分级标准中规定的第三级、第四级体力劳动强度的作业；

（10）在密闭空间、高压室作业或者潜水作业，伴有强烈振动的作业，或者需要频繁弯腰、攀高、下蹲的作业。

17 女职工在孕期享有哪些特殊保护？

除国家有关规定外，我省还规定用人单位应当给予孕期女职工下列特殊保护：

（1）不得安排国家规定的孕期禁忌从事的劳动；

（2）不能适应原劳动的，应当根据医疗机构的证明，予以减轻劳动量或者安排其他能够适应的岗位；

（3）在劳动时间内进行产前检查的，所需时间计入劳动时间；

（4）怀孕不满 3 个月和 7 个月以上的，不得延长劳动时间或者安排夜班劳动，并每日安排不少于 1 小时工间休息；

（5）怀孕不满 3 个月需要保胎休息或者怀孕 7 个月以上且上班确有困难的，应当根据医疗机构的证明安排其休息。

前款第三项、第四项情形下有劳动定额的，减少相应的劳动量；第五项情形下休息期间的工资按照劳动合同或者集体合同约定计发，但不得低于当地最低工资标准的 80%。

女职工怀孕后，经本人申请，用人单位同意安排其在孕期休

息的，休息期间的工资由双方协商确定，劳动合同或者集体合同另有约定的，从其约定。

18 女职工终止妊娠的，享有多少天假期？

（1）怀孕不满 2 个月流产的，享受不少于 20 天的产假；

（2）怀孕满 2 个月不满 3 个月流产的，享受不少于 30 天的产假；

（3）怀孕满 3 个月不满 7 个月流产、引产的，享受不少于 42 天的产假；

（4）怀孕满 7 个月引产的，享受不少于 98 天的产假。

19 女职工生育的，享有多少天假期？

女职工生育的，享受 98 天产假，其中产前可以休假 15 天，符合《江苏省人口与计划生育条例》规定生育的，延长产假 30 天。难产的，增加产假 15 天；生育多胞胎的，每多生育 1 个婴儿，增加产假 15 天。

20 实施计划生育手术的女职工享有哪些特殊保护？

我省规定用人单位应当给予实施计划生育手术的女职工下列特殊保护：

（1）实行输卵管结扎或者复通手术的，享受 21 天的假期；

（2）放置或者取出宫内节育器的，享受2天的假期。

21 法定节假日是否计入女职工的产假天数?

国家规定的98天产假是一个阶段性的假期，按自然天数计算，是以“天”为请假单位而不是以“工作日”为请假单位，所以休息日和法定节假日都包含在98天的产假之内。《江苏省人口与计划生育条例》第二十七条规定，延长婚假、延长产假和护理假视为出勤，在规定假期内照发工资，不影响福利待遇，国家法定休假日不计入假期。就是说国家法定休假日不计入延长的30天产假。

22 用人单位是否可以调整孕期女职工的工作岗位?

用人单位调整怀孕女职工工作岗位有两种情况。

（1）必须调整的情形。即如果女职工怀孕前从事的工作属于孕期禁忌从事的劳动范围，怀孕后必须调离原工作岗位，改为从事不属于孕期禁忌从事的劳动；

（2）可以调整的情形。即虽然女职工孕期从事的工作不属于禁忌从事的劳动范围，但如果怀孕女职工本人感到不能适应孕前工作，用人单位应当根据医疗机构的证明，减轻其劳动量或者安排其他能够适应的劳动。

23 用人单位是否可以提前解除孕期女职工的劳动合同？

用人单位不得因女职工结婚、怀孕、生育、哺乳等情形降低其工资和福利待遇、予以辞退、单方与其解除劳动合同。

24 孕期女职工需要保胎休息的，享有哪些特殊保护？

女职工怀孕不满 3 个月需要保胎休息且上班确有困难的，用人单位应当根据医疗机构的证明安排其休息。女职工在保胎休息期间的工资，按照劳动合同或者集体合同约定计发，但不得低于当地最低工资标准的 80%。

25 哪些人可以享受生育保险待遇？

根据《中华人民共和国社会保险法》第五十四条的规定，用人单位已经缴纳生育保险费的，其职工享受生育保险待遇；职工未就业配偶按照国家规定享受生育医疗费用待遇。所需资金从生育保险基金中支付。

26 生育保险待遇主要有哪些内容?

生育保险待遇包括生育医疗费用、生育津贴和一次性营养补助。

生育医疗费用包括下列各项:

(1)生育的医疗费用;

(2)计划生育的医疗费用;

(3)法律、法规规定的其他项目费用。

职工有下列情形之一的,可以按照国家规定享受生育津贴:

(1)女职工生育享受产假;

(2)享受计划生育手术休假;

(3)法律、法规规定的其他情形。

生育津贴按照职工所在用人单位上年度职工月平均工资计发。

27 生育医疗费用有哪些具体范围和标准？

《江苏省职工生育保险规定》第十六条规定，生育保险基金支付的生育的医疗费用包括参加生育保险的职工在妊娠和分娩住院期间，因产前检查、住院分娩或者因生育而引起的流产、引产，所发生的符合生育保险规定的医疗费用。其中，分娩住院期间诊治生育引起的并发症、合并症符合生育保险规定的医疗费用，由生育保险基金支付；其他期间产生的上述费用，按照职工基本医疗保险的规定，由职工基本医疗保险基金支付。

28 职工享受生育保险待遇应当办理哪些手续？

参加生育保险的职工享受生育保险待遇或者职工未就业配偶享受生育的医疗费用待遇，应当到所属统筹地区社会保险经办机构或者其指定地点办理以下手续：

（1）选择生育保险定点医疗机构；

（2）提交本人《身份证》《社会保障卡》《结婚证》原件及复印件、卫生等行政主管部门出具的计划生育证明以及医疗机构出具的生育或者计划生育手术医学证明；

（3）失业女职工提交《就业失业登记证》原件及复印件；

（4）职工未就业配偶提交《就业失业登记证》或者职工所在单位及其配偶所在村（居）委会出具的未就业证明，以及职工配偶户籍所在地社会保险经办机构或者新型农村合作医疗经办机构出具的参保（合）情况证明；

（5）所属统筹地区人力资源和社会保障行政部门规定的其他材料。

卫生等行政主管部门或者工作机构应当为参加生育保险的职工出具计划生育证明。

29 女职工在哺乳期禁忌从事的劳动范围包括哪些内容？

（1）孕期禁忌从事的劳动范围的第一项、第三项、第九项；

（2）作业场所空气中锰、氟、溴、甲醇、有机磷化合物、有机氯化合物等有毒物质浓度超过国家职业卫生标准的作业。

30 女职工在哺乳期享有哪些特殊保护？

用人单位应当给予哺乳未满 1 周岁婴儿的女职工下列保护：

（1）不得安排国家规定的哺乳期禁忌从事的劳动；

（2）不得延长劳动时间或者安排夜班劳动；

（3）实行劳动定额的，减少相应劳动量；

（4）每日劳动时间内应当安排不少于 1 小时的哺乳时间；生育多胞胎的，每多哺乳 1 个婴儿，每天增加 1 小时哺乳时间。

哺乳时间以及在本单位内哺乳往返途中时间计入劳动时间。

31 女职工可以休哺乳假吗?

我省规定，经本人申请，用人单位批准，女职工可以休不超过 6 个月的哺乳假，待遇不得低于当地最低工资标准的 80%，超过 6 个月的，待遇由双方协商确定。

32 女职工在更年期享有哪些特殊保护?

女职工更年期综合症症状严重，不能适应原岗位工作，申请减轻劳动量或者调整工作岗位的，用人单位应当根据医疗机构证明和实际情况给予适当安排。

33 用人单位应当怎么预防和制止对女职工的性骚扰?

（1）制定禁止劳动场所性骚扰的规章制度；

（2）开展预防和制止性骚扰的教育培训活动；

（3）提供免受性骚扰的工作环境；

（4）畅通投诉渠道，及时处理并保护当事人隐私；

（5）预防和制止对女职工性骚扰的其他措施。

34 我国法律法规对于实施性骚扰的行为有哪些处罚规定?

《中华人民共和国妇女权益保障法》第四十条规定：禁止对妇女实施性骚扰。受害妇女有权向单位和有关机关投诉。第五十八条规定：违反本法规定，对妇女实施性骚扰或者家庭暴力，构成违反治安管理行为的，受害人可以提请公安机关对违法行为人依法给予行政处罚，也可以依法向人民法院提起民事诉讼。对于实施性骚扰的行为，《中华人民共和国刑法》明确规定了猥亵、侮辱妇女罪及侮辱、诽谤罪。《中华人民共和国治安管理处罚法》第四十四条规定：猥亵他人的，或者在公共场所故意裸露身体，情节恶劣的，处五日以上十日以下拘留；猥亵智力残疾人、精神病人、不满十四周岁的人或者有其他严重情节的，处十日以上十五日以下拘留。

35 我省对建立女职工卫生室、孕妇休息室、哺乳室等设施有什么要求？

用人单位应当根据女职工的需要，建立女职工卫生室、孕妇休息室、哺乳室等设施，解决女职工在生理卫生、哺乳方面的困难。同时鼓励用人单位依托社会专业机构建立托幼机构。

36 我省对用人单位做好女职工卫生保健工作有哪些具体要求?

用人单位应当做好下列女职工卫生保健工作：

（1）为从事接触职业病危害作业的女职工安排上岗前、在岗期间和离岗时的职业健康检查，承担检查费用，书面告知检查结果，建立职业健康监护档案；

（2）每年至少安排 1 次妇女常见病普查，对年满 35 周岁的女职工应当增加乳腺癌、宫颈癌筛查。

37 女职工进行健康检查的时间能否计入劳动时间?

女职工在用人单位安排的时间内进行健康检查的，所需时间计入劳动时间。

38 政府及其有关部门应当如何加强女职工劳动保护工作?

县级以上地方人民政府应当加强对女职工劳动保护工作的领导，督促有关行政部门履行女职工劳动保护监督检查职责，将用人单位履行女职工劳动保护职责情况纳入社会信用体系，对在女职工劳动保护工作中取得显著成绩的用人单位给予奖励。县级以上地方人民政府人力资源社会保障、卫生等有关部门应当按照各自职责，做好女职工劳动保护监督管理工作，宣传普及女职工劳动保护法律知识。

39 用人单位侵犯女职工合法权益的，应当承担哪些法律责任？

用人单位侵害女职工合法权益，造成女职工损害的，应依法给予赔偿；用人单位及其直接负责的主管人员和其他直接责任人员构成犯罪的，要依法追究刑事责任。

《女职工劳动保护特别规定》第十三条规定："用人单位违反本规定第六条第二款、第七条、第九条第一款规定的，由县级以上人民政府人力资源社会保障行政部门责令限期改正，按照受侵害女职工每人1000元以上5000元以下的标准计算，处以罚款。用人单位违反本规定附录第一条、第二条规定的，由县级以上人民政府安全生产监督管理部门责令限期改正，按照受侵害女职工每人1000元以上5000元以下的标准计算，并处以罚款。用人单位违反本规定附录第三条、第四条规定的，由县级以上人民政府

安全生产监督管理部门责令限期治理，处 5 万元以上 30 万元以下的罚款；情节严重的，责令停止有关作业，或者提请有关人民政府按照国务院规定的权限责令关闭。”

40 权益受到侵害的女职工，可以通过哪些途径维权？

用人单位侵害女职工合法权益和特殊利益的，女职工可以依

法投诉、举报、申诉，依法向劳动人事争议调解仲裁机构申请调解仲裁，对仲裁裁决不服的，依法向人民法院提起诉讼。

女职工还可以依法向人力资源社会保障、卫生等行政主管部门以及工会、妇女组织投诉、举报、申诉，上述部门在收到投诉、举报、申诉的部门或者组织应当依法及时调查、处理。

第三部分

女职工权益保护法律法规摘录

中华人民共和国社会保险法（节选）

（2010年10月28日第十一届全国人民代表大会常务委员会第十七次会议通过）

第六章　生育保险

第五十三条　职工应当参加生育保险，由用人单位按照国家规定缴纳生育保险费，职工不缴纳生育保险费。

第五十四条　用人单位已经缴纳生育保险费的，其职工享受生育保险待遇；职工未就业配偶按照国家规定享受生育医疗费用待遇。所需资金从生育保险基金中支付。

生育保险待遇包括生育医疗费用和生育津贴。

第五十五条　生育医疗费用包括下列各项：

（一）生育的医疗费用；

（二）计划生育的医疗费用；

（三）法律、法规规定的其他项目费用。

第五十六条　职工有下列情形之一的，可以按照国家规定享受生育津贴：

（一）女职工生育享受产假；

（二）享受计划生育手术休假；

（三）法律、法规规定的其他情形。

生育津贴按照职工所在用人单位上年度职工月平均工资计发。

中华人民共和国妇女权益保障法

（1992年4月3日第七届全国人民代表大会第五次会议通过　根据2005年8月28日第十届全国人民代表大会常务委员会第十七次会议《关于修改〈中华人民共和国妇女权益保障法〉的决定》修正）

目　录

第一章　总　则

第一条　为了保障妇女的合法权益，促进男女平等，充分发挥妇女在社会主义现代化建设中的作用，根据宪法和我国的实际情况，制定本法。

第二条　妇女在政治的、经济的、文化的、社会的和家庭的生活等各方面享有同男子平等的权利。

实行男女平等是国家的基本国策。国家采取必要措施，逐步完善保障妇女权益的各项制度，消除对妇女一切形式的歧视。

国家保护妇女依法享有的特殊权益。

禁止歧视、虐待、遗弃、残害妇女。

第三条　国务院制定中国妇女发展纲要，并将其纳入国民经济和社会发展规划。

县级以上地方各级人民政府根据中国妇女发展纲要，制定本行政区域的妇女发展规划，并将其纳入国民经济和社会发展计划。

第四条　保障妇女的合法权益是全社会的共同责任。国家机关、社会团体、企业事业单位、城乡基层群众性自治组织，应当依照本法和有关法律的规定，保障妇女的权益。

国家采取有效措施，为妇女依法行使权利提供必要的条件。

第五条 国家鼓励妇女自尊、自信、自立、自强，运用法律维护自身合法权益。

妇女应当遵守国家法律，尊重社会公德，履行法律所规定的义务。

第六条 各级人民政府应当重视和加强妇女权益的保障工作。

县级以上人民政府负责妇女儿童工作的机构，负责组织、协调、指导、督促有关部门做好妇女权益的保障工作。

县级以上人民政府有关部门在各自的职责范围内做好妇女权益的保障工作。

第七条 中华全国妇女联合会和地方各级妇女联合会依照法律和中华全国妇女联合会章程，代表和维护各族各界妇女的利益，做好维护妇女权益的工作。

工会、共产主义青年团，应当在各自的工作范围内，做好维护妇女权益的工作。

第八条 对保障妇女合法权益成绩显著的组织和个人，各级人民政府和有关部门给予表彰和奖励。

第二章 政治权利

第九条 国家保障妇女享有与男子平等的政治权利。

第十条　妇女有权通过各种途径和形式，管理国家事务，管理经济和文化事业，管理社会事务。

制定法律、法规、规章和公共政策，对涉及妇女权益的重大问题，应当听取妇女联合会的意见。

妇女和妇女组织有权向各级国家机关提出妇女权益保障方面的意见和建议。

第十一条　妇女享有与男子平等的选举权和被选举权。

全国人民代表大会和地方各级人民代表大会的代表中，应当有适当数量的妇女代表。国家采取措施，逐步提高全国人民代表大会和地方各级人民代表大会的妇女代表的比例。

居民委员会、村民委员会成员中，妇女应当有适当的名额。

第十二条　国家积极培养和选拔女干部。

国家机关、社会团体、企业事业单位培养、选拔和任用干部，必须坚持男女平等的原则，并有适当数量的妇女担任领导成员。

国家重视培养和选拔少数民族女干部。

第十三条　中华全国妇女联合会和地方各级妇女联合会代表妇女积极参与国家和社会事务的民主决策、民主管理和民主监督。

各级妇女联合会及其团体会员，可以向国家机关、社会团体、企业事业单位推荐女干部。

第十四条 对于有关保障妇女权益的批评或者合理建议，有关部门应当听取和采纳；对于有关侵害妇女权益的申诉、控告和检举，有关部门必须查清事实，负责处理，任何组织或者个人不得压制或者打击报复。

第三章 文化教育权益

第十五条 国家保障妇女享有与男子平等的文化教育权利。

第十六条 学校和有关部门应当执行国家有关规定，保障妇女在入学、升学、毕业分配、授予学位、派出留学等方面享有与男子平等的权利。

学校在录取学生时，除特殊专业外，不得以性别为由拒绝录取女性或者提高对女性的录取标准。

第十七条 学校应当根据女性青少年的特点，在教育、管理、设施等方面采取措施，保障女性青少年身心健康发展。

第十八条 父母或者其他监护人必须履行保障适龄女性儿童少年接受义务教育的义务。

除因疾病或者其他特殊情况经当地人民政府批准的以外，对不送适龄女性儿童少年入学的父母或者其他监护人，由当地人民政府予以批评教育，并采取有效措施，责令送适龄女性儿童少年入学。

政府、社会、学校应当采取有效措施，解决适龄女性儿童少年就学存在的实际困难，并创造条件，保证贫困、残疾和流动人口中的适龄女性儿童少年完成义务教育。

第十九条　各级人民政府应当依照规定把扫除妇女中的文盲、半文盲工作，纳入扫盲和扫盲后继续教育规划，采取符合妇女特点的组织形式和工作方法，组织、监督有关部门具体实施。

第二十条　各级人民政府和有关部门应当采取措施，根据城镇和农村妇女的需要，组织妇女接受职业教育和实用技术培训。

第二十一条　国家机关、社会团体和企业事业单位应当执行国家有关规定，保障妇女从事科学、技术、文学、艺术和其他文化活动，享有与男子平等的权利。

第四章　劳动和社会保障权益

第二十二条　国家保障妇女享有与男子平等的劳动权利和社会保障权利。

第二十三条　各单位在录用职工时，除不适合妇女的工种或者岗位外，不得以性别为由拒绝录用妇女或者提高对妇女的录用标准。

各单位在录用女职工时，应当依法与其签订劳动（聘用）合同或者服务协议，劳动（聘用）合同或者服务协议中不得规定限制女职工结婚、生育的内容。

禁止录用未满十六周岁的女性未成年人，国家另有规定的除外。

第二十四条 实行男女同工同酬。妇女在享受福利待遇方面享有与男子平等的权利。

第二十五条 在晋职、晋级、评定专业技术职务等方面，应当坚持男女平等的原则，不得歧视妇女。

第二十六条 任何单位均应根据妇女的特点，依法保护妇女在工作和劳动时的安全和健康，不得安排不适合妇女从事的工作和劳动。

妇女在经期、孕期、产期、哺乳期受特殊保护。

第二十七条 任何单位不得因结婚、怀孕、产假、哺乳等情形，降低女职工的工资，辞退女职工，单方解除劳动（聘用）合同或者服务协议。但是，女职工要求终止劳动（聘用）合同或者服务协议的除外。

各单位在执行国家退休制度时，不得以性别为由歧视妇女。

第二十八条 国家发展社会保险、社会救助、社会福利和医疗卫生事业，保障妇女享有社会保险、社会救助、社会福利和卫生保健等权益。

国家提倡和鼓励为帮助妇女开展的社会公益活动。

第二十九条 国家推行生育保险制度，建立健全与生育相关的其他保障制度。

地方各级人民政府和有关部门应当按照有关规定为贫困妇女提供必要的生育救助。

第五章　财产权益

第三十条　国家保障妇女享有与男子平等的财产权利。

第三十一条　在婚姻、家庭共有财产关系中，不得侵害妇女依法享有的权益。

第三十二条　妇女在农村土地承包经营、集体经济组织收益分配、土地征收或者征用补偿费使用以及宅基地使用等方面，享有与男子平等的权利。

第三十三条　任何组织和个人不得以妇女未婚、结婚、离婚、丧偶等为由，侵害妇女在农村集体经济组织中的各项权益。

因结婚男方到女方住所落户的，男方和子女享有与所在地农村集体经济组织成员平等的权益。

第三十四条　妇女享有的与男子平等的财产继承权受法律保护。在同一顺序法定继承人中，不得歧视妇女。

丧偶妇女有权处分继承的财产，任何人不得干涉。

第三十五条　丧偶妇女对公、婆尽了主要赡养义务的，作为公、婆的第一顺序法定继承人，其继承权不受子女代位继承的影响。

第六章　人身权利

第三十六条　国家保障妇女享有与男子平等的人身权利。

第三十七条　妇女的人身自由不受侵犯。禁止非法拘禁和以其他非法手段剥夺或者限制妇女的人身自由；禁止非法搜查妇女的身体。

第三十八条　妇女的生命健康权不受侵犯。禁止溺、弃、残害女婴；禁止歧视、虐待生育女婴的妇女和不育的妇女；禁止用迷信、暴力等手段残害妇女；禁止虐待、遗弃病、残妇女和老年妇女。

第三十九条　禁止拐卖、绑架妇女；禁止收买被拐卖、绑架的妇女；禁止阻碍解救被拐卖、绑架的妇女。

各级人民政府和公安、民政、劳动和社会保障、卫生等部门按照其职责及时采取措施解救被拐卖、绑架的妇女，做好善后工作，妇女联合会协助和配合做好有关工作。任何人不得歧视被拐卖、绑架的妇女。

第四十条　禁止对妇女实施性骚扰。受害妇女有权向单位和有关机关投诉。

第四十一条　禁止卖淫、嫖娼。

禁止组织、强迫、引诱、容留、介绍妇女卖淫或者对妇女进行猥亵活动。

禁止组织、强迫、引诱妇女进行淫秽表演活动。

第四十二条　妇女的名誉权、荣誉权、隐私权、肖像权等人格权受法律保护。

禁止用侮辱、诽谤等方式损害妇女的人格尊严。禁止通过大众传播媒介或者其他方式贬低损害妇女人格。未经本人同意，不得以营利为目的，通过广告、商标、展览橱窗、报纸、期刊、图书、音像制品、电子出版物、网络等形式使用妇女肖像。

第七章　婚姻家庭权益

第四十三条　国家保障妇女享有与男子平等的婚姻家庭权利。

第四十四条　国家保护妇女的婚姻自主权。禁止干涉妇女的结婚、离婚自由。

第四十五条　女方在怀孕期间、分娩后一年内或者终止妊娠后六个月内，男方不得提出离婚。女方提出离婚的，或者人民法院认为确有必要受理男方离婚请求的，不在此限。

第四十六条　禁止对妇女实施家庭暴力。

国家采取措施，预防和制止家庭暴力。

公安、民政、司法行政等部门以及城乡基层群众性自治组织、社会团体，应当在各自的职责范围内预防和制止家庭暴力，依法为受害妇女提供救助。

第四十七条　妇女对依照法律规定的夫妻共同财产享有与其配偶平等的占有、使用、收益和处分的权利，不受双方收入状况的影响。

夫妻书面约定婚姻关系存续期间所得的财产归各自所有，女方因抚育子女、照料老人、协助男方工作等承担较多义务的，有权在离婚时要求男方予以补偿。

第四十八条　夫妻共有的房屋，离婚时，分割住房由双方协议解决；协议不成的，由人民法院根据双方的具体情况，按照照顾子女和女方权益的原则判决。夫妻双方另有约定的除外。

夫妻共同租用的房屋，离婚时，女方的住房应当按照照顾子女和女方权益的原则解决。

第四十九条　父母双方对未成年子女享有平等的监护权。

父亲死亡、丧失行为能力或者有其他情形不能担任未成年子女的监护人的，母亲的监护权任何人不得干涉。

第五十条　离婚时，女方因实施绝育手术或者其他原因丧失生育能力的，处理子女抚养问题，应在有利子女权益的条件下，照顾女方的合理要求。

第五十一条　妇女有按照国家有关规定生育子女的权利，也有不生育的自由。

育龄夫妻双方按照国家有关规定计划生育，有关部门应当提供安全、有效的避孕药具和技术，保障实施节育手术的妇女的健康和安全。

国家实行婚前保健、孕产期保健制度，发展母婴保健事业。各级人民政府应当采取措施，保障妇女享有计划生育技术服务，提高妇女的生殖健康水平。

第八章　法律责任

第五十二条　妇女的合法权益受到侵害的，有权要求有关部门依法处理，或者依法向仲裁机构申请仲裁，或者向人民法院起诉。

对有经济困难需要法律援助或者司法救助的妇女，当地法律援助机构或者人民法院应当给予帮助，依法为其提供法律援助或者司法救助。

第五十三条　妇女的合法权益受到侵害的，可以向妇女组织投诉，妇女组织应当维护被侵害妇女的合法权益，有权要求并协助有关部门或者单位查处。有关部门或者单位应当依法查处，并予以答复。

第五十四条　妇女组织对于受害妇女进行诉讼需要帮助的，

应当给予支持。

妇女联合会或者相关妇女组织对侵害特定妇女群体利益的行为，可以通过大众传播媒介揭露、批评，并有权要求有关部门依法查处。

第五十五条　违反本法规定，以妇女未婚、结婚、离婚、丧偶等为由，侵害妇女在农村集体经济组织中的各项权益的，或者因结婚男方到女方住所落户，侵害男方和子女享有与所在地农村集体经济组织成员平等权益的，由乡镇人民政府依法调解；受害人也可以依法向农村土地承包仲裁机构申请仲裁，或者向人民法院起诉，人民法院应当依法受理。

第五十六条　违反本法规定，侵害妇女的合法权益，其他法律、法规规定行政处罚的，从其规定；造成财产损失或者其他损害的，依法承担民事责任；构成犯罪的，依法追究刑事责任。

第五十七条　违反本法规定，对侵害妇女权益的申诉、控告、检举，推诿、拖延、压制不予查处，或者对提出申诉、控告、检举的人进行打击报复的，由其所在单位、主管部门或者上级机关责令改正，并依法对直接负责的主管人员和其他直接责任人员给予行政处分。

国家机关及其工作人员未依法履行职责，对侵害妇女权益的行为未及时制止或者未给予受害妇女必要帮助，造成严重后果的，由其所在单位或者上级机关依法对直接负责的主管人员和其他直接责任人员给予行政处分。

违反本法规定，侵害妇女文化教育权益、劳动和社会保障权益、人身和财产权益以及婚姻家庭权益的，由其所在单位、主管部门或者上级机关责令改正，直接负责的主管人员和其他直接责任人员属于国家工作人员的，由其所在单位或者上级机关依法给予行政处分。

第五十八条　违反本法规定，对妇女实施性骚扰或者家庭暴力，构成违反治安管理行为的，受害人可以提请公安机关对违法行为人依法给予行政处罚，也可以依法向人民法院提起民事诉讼。

第五十九条　违反本法规定，通过大众传播媒介或者其他方式贬低损害妇女人格的，由文化、广播电影电视、新闻出版或者其他有关部门依据各自的职权责令改正，并依法给予行政处罚。

第九章　附　则

第六十条　省、自治区、直辖市人民代表大会常务委员会可以根据本法制定实施办法。

民族自治地方的人民代表大会，可以依据本法规定的原则，结合当地民族妇女的具体情况，制定变通的或者补充的规定。自治区的规定，报全国人民代表大会常务委员会批准后生效；自治州、自治县的规定，报省、自治区、直辖市人民代表大会常务委员会批准后生效，并报全国人民代表大会常务委员会备案。

第六十一条 本法自 1992 年 10 月 1 日起施行。

中华人民共和国人口与计划生育法

（2001年12月29日第九届全国人民代表大会常务委员会第二十五次会议通过　根据2015年12月27日第十二届全国人民代表大会常务委员会第十八次会议《关于修改〈中华人民共和国人口与计划生育法〉的决定》修正）

目　录

第一章　总　则

第一条　为了实现人口与经济、社会、资源、环境的协调发展，推行计划生育，维护公民的合法权益，促进家庭幸福、民族繁荣与社会进步，根据宪法，制定本法。

第二条 我国是人口众多的国家，实行计划生育是国家的基本国策。

国家采取综合措施，控制人口数量，提高人口素质。

国家依靠宣传教育、科学技术进步、综合服务、建立健全奖励和社会保障制度，开展人口与计划生育工作。

第三条 开展人口与计划生育工作，应当与增加妇女受教育和就业机会、增进妇女健康、提高妇女地位相结合。

第四条 各级人民政府及其工作人员在推行计划生育工作中应当严格依法行政，文明执法，不得侵犯公民的合法权益。

计划生育行政部门及其工作人员依法执行公务受法律保护。

第五条 国务院领导全国的人口与计划生育工作。

地方各级人民政府领导本行政区域内的人口与计划生育工作。

第六条 国务院计划生育行政部门负责全国计划生育工作和与计划生育有关的人口工作。

县级以上地方各级人民政府计划生育行政部门负责本行政区域内的计划生育工作和与计划生育有关的人口工作。

县级以上各级人民政府其他有关部门在各自的职责范围内，负责有关的人口与计划生育工作。

第七条　工会、共产主义青年团、妇女联合会及计划生育协会等社会团体、企业事业组织和公民应当协助人民政府开展人口与计划生育工作。

第八条　国家对在人口与计划生育工作中作出显著成绩的组织和个人，给予奖励。

第二章　人口发展规划的制定与实施

第九条　国务院编制人口发展规划，并将其纳入国民经济和社会发展计划。

县级以上地方各级人民政府根据全国人口发展规划以及上一级人民政府人口发展规划，结合当地实际情况编制本行政区域的人口发展规划，并将其纳入国民经济和社会发展计划。

第十条　县级以上各级人民政府根据人口发展规划，制定人口与计划生育实施方案并组织实施。

县级以上各级人民政府计划生育行政部门负责实施人口与计划生育实施方案的日常工作。

乡、民族乡、镇的人民政府和城市街道办事处负责本管辖区域内的人口与计划生育工作，贯彻落实人口与计划生育实施方案。

第十一条　人口与计划生育实施方案应当规定控制人口数

量，加强母婴保健，提高人口素质的措施。

第十二条 村民委员会、居民委员会应当依法做好计划生育工作。

机关、部队、社会团体、企业事业组织应当做好本单位的计划生育工作。

第十三条 计划生育、教育、科技、文化、卫生、民政、新闻出版、广播电视等部门应当组织开展人口与计划生育宣传教育。

大众传媒负有开展人口与计划生育的社会公益性宣传的义务。

学校应当在学生中，以符合受教育者特征的适当方式，有计划地开展生理卫生教育、青春期教育或者性健康教育。

第十四条 流动人口的计划生育工作由其户籍所在地和现居住地的人民政府共同负责管理，以现居住地为主。

第十五条 国家根据国民经济和社会发展状况逐步提高人口与计划生育经费投入的总体水平。各级人民政府应当保障人口与计划生育工作必要的经费。

各级人民政府应当对贫困地区、少数民族地区开展人口与计划生育工作给予重点扶持。

国家鼓励社会团体、企业事业组织和个人为人口与计划生育工作提供捐助。

任何单位和个人不得截留、克扣、挪用人口与计划生育工作费用。

第十六条　国家鼓励开展人口与计划生育领域的科学研究和对外交流与合作。

第三章　生育调节

第十七条　公民有生育的权利，也有依法实行计划生育的义务，夫妻双方在实行计划生育中负有共同的责任。

第十八条　国家提倡一对夫妻生育两个子女。

符合法律、法规规定条件的，可以要求安排再生育子女。具体办法由省、自治区、直辖市人民代表大会或者其常务委员会规定。

少数民族也要实行计划生育，具体办法由省、自治区、直辖市人民代表大会或者其常务委员会规定。

夫妻双方户籍所在地的省、自治区、直辖市之间关于再生育子女的规定不一致的，按照有利于当事人的原则适用。

第十九条　实行计划生育，以避孕为主。

国家创造条件，保障公民知情选择安全、有效、适宜的避孕节育措施。实施避孕节育手术，应当保证受术者的安全。

第二十条　育龄夫妻自主选择计划生育避孕节育措施，预防和减少非意愿妊娠。

第二十一条 实行计划生育的育龄夫妻免费享受国家规定的基本项目的计划生育技术服务。

前款规定所需经费，按照国家有关规定列入财政预算或者由社会保险予以保障。

第二十二条 禁止歧视、虐待生育女婴的妇女和不育的妇女。

禁止歧视、虐待、遗弃女婴。

第四章 奖励与社会保障

第二十三条 国家对实行计划生育的夫妻，按照规定给予奖励。

第二十四条 国家建立、健全基本养老保险、基本医疗保险、生育保险和社会福利等社会保障制度，促进计划生育。

国家鼓励保险公司举办有利于计划生育的保险项目。

有条件的地方可以根据政府引导、农民自愿的原则，在农村实行多种形式的养老保障办法。

第二十五条 符合法律、法规规定生育子女的夫妻，可以获得延长生育假的奖励或者其他福利待遇。

第二十六条 妇女怀孕、生育和哺乳期间，按照国家有关规定享受特殊劳动保护并可以获得帮助和补偿。

公民实行计划生育手术，享受国家规定的休假；地方人民政府可以给予奖励。

第二十七条　在国家提倡一对夫妻生育一个子女期间，自愿终身只生育一个子女的夫妻，国家发给《独生子女父母光荣证》。

获得《独生子女父母光荣证》的夫妻，按照国家和省、自治区、直辖市有关规定享受独生子女父母奖励。

法律、法规或者规章规定给予获得《独生子女父母光荣证》的夫妻奖励的措施中由其所在单位落实的，有关单位应当执行。

获得《独生子女父母光荣证》的夫妻，独生子女发生意外伤残、死亡的，按照规定获得扶助。

在国家提倡一对夫妻生育一个子女期间，按照规定应当享受计划生育家庭老年人奖励扶助的，继续享受相关奖励扶助。

第二十八条　地方各级人民政府对农村实行计划生育的家庭发展经济，给予资金、技术、培训等方面的支持、优惠；对实行计划生育的贫困家庭，在扶贫贷款、以工代赈、扶贫项目和社会救济等方面给予优先照顾。

第二十九条　本章规定的奖励措施，省、自治区、直辖市和较大的市的人民代表大会及其常务委员会或者人民政府可以依据本法和有关法律、行政法规的规定，结合当地实际情况，制定具体实施办法。

第五章　计划生育技术服务

第三十条　国家建立婚前保健、孕产期保健制度，防止或者减少出生缺陷，提高出生婴儿健康水平。

第三十一条　各级人民政府应当采取措施，保障公民享有计划生育技术服务，提高公民的生殖健康水平。

第三十二条　地方各级人民政府应当合理配置、综合利用卫生资源，建立、健全由计划生育技术服务机构和从事计划生育技术服务的医疗、保健机构组成的计划生育技术服务网络，改善技术服务设施和条件，提高技术服务水平。

第三十三条　计划生育技术服务机构和从事计划生育技术服务的医疗、保健机构应当在各自的职责范围内，针对育龄人群开展人口与计划生育基础知识宣传教育，对已婚育龄妇女开展孕情检查、随访服务工作，承担计划生育、生殖保健的咨询、指导和技术服务。

第三十四条　计划生育技术服务人员应当指导实行计划生育的公民选择安全、有效、适宜的避孕措施。

对已生育子女的夫妻，提倡选择长效避孕措施。

国家鼓励计划生育新技术、新药具的研究、应用和推广。

第三十五条　严禁利用超声技术和其他技术手段进行非医

学需要的胎儿性别鉴定；严禁非医学需要的选择性别的人工终止妊娠。

第六章　法律责任

第三十六条　违反本法规定，有下列行为之一的，由计划生育行政部门或者卫生行政部门依据职权责令改正，给予警告，没收违法所得；违法所得一万元以上的，处违法所得二倍以上六倍以下的罚款；没有违法所得或者违法所得不足一万元的，处一万元以上三万元以下的罚款；情节严重的，由原发证机关吊销执业证书；构成犯罪的，依法追究刑事责任：

（一）非法为他人施行计划生育手术的；

（二）利用超声技术和其他技术手段为他人进行非医学需要的胎儿性别鉴定或者选择性别的人工终止妊娠的；

（三）进行假医学鉴定、出具假计划生育证明的。

第三十七条　伪造、变造、买卖计划生育证明，由计划生育行政部门没收违法所得，违法所得五千元以上的，处违法所得二倍以上十倍以下的罚款；没有违法所得或者违法所得不足五千元的，处五千元以上二万元以下的罚款；构成犯罪的，依法追究刑事责任。

以不正当手段取得计划生育证明的，由计划生育行政部门取消其计划生育证明；出具证明的单位有过错的，对直接负责的主管人员和其他直接责任人员依法给予行政处分。

第三十八条 计划生育技术服务人员违章操作或者延误抢救、诊治，造成严重后果的，依照有关法律、行政法规的规定承担相应的法律责任。

第三十九条 国家机关工作人员在计划生育工作中，有下列行为之一，构成犯罪的，依法追究刑事责任；尚不构成犯罪的，依法给予行政处分；有违法所得的，没收违法所得：

（一）侵犯公民人身权、财产权和其他合法权益的；

（二）滥用职权、玩忽职守、徇私舞弊的；

（三）索取、收受贿赂的；

（四）截留、克扣、挪用、贪污计划生育经费或者社会抚养费的；

（五）虚报、瞒报、伪造、篡改或者拒报人口与计划生育统计数据的。

第四十条 违反本法规定，不履行协助计划生育管理义务的，由有关地方人民政府责令改正，并给予通报批评；对直接负责的主管人员和其他直接责任人员依法给予行政处分。

第四十一条 不符合本法第十八条规定生育子女的公民，应当依法缴纳社会抚养费。

未在规定的期限内足额缴纳应当缴纳的社会抚养费的，自欠缴之日起，按照国家有关规定加收滞纳金；仍不缴纳的，由作出征收决定的计划生育行政部门依法向人民法院申请强制执行。

第四十二条　按照本法第四十一条规定缴纳社会抚养费的人员，是国家工作人员的，还应当依法给予行政处分；其他人员还应当由其所在单位或者组织给予纪律处分。

第四十三条　拒绝、阻碍计划生育行政部门及其工作人员依法执行公务的，由计划生育行政部门给予批评教育并予以制止；构成违反治安管理行为的，依法给予治安管理处罚；构成犯罪的，依法追究刑事责任。

第四十四条　公民、法人或者其他组织认为行政机关在实施计划生育管理过程中侵犯其合法权益，可以依法申请行政复议或者提起行政诉讼。

第七章　附　则

第四十五条　流动人口计划生育工作的具体管理办法、计划生育技术服务的具体管理办法和社会抚养费的征收管理办法，由国务院制定。

第四十六条　中国人民解放军执行本法的具体办法，由中央军事委员会依据本法制定。

第四十七条　本法自 2002 年 9 月 1 日起施行。

中华人民共和国母婴保健法

（1994年10月27日第八届全国人民代表大会常务委员会第十次会议通过　根据2009年8月27日第十一届全国人民代表大会常务委员会第十次会议《关于修改部分法律的决定》第一次修正　根据2017年11月4日第十二届全国人民代表大会常务委员会第三十次会议《关于修改〈中华人民共和国会计法〉等十一部法律的决定》第二次修正）

目　录

第一章　总　则

第一条　为了保障母亲和婴儿健康，提高出生人口素质，根据宪法，制定本法。

第二条　国家发展母婴保健事业，提供必要条件和物质帮助，使母亲和婴儿获得医疗保健服务。

国家对边远贫困地区的母婴保健事业给予扶持。

第三条　各级人民政府领导母婴保健工作。

母婴保健事业应当纳入国民经济和社会发展计划。

第四条　国务院卫生行政部门主管全国母婴保健工作，根据不同地区情况提出分级分类指导原则，并对全国母婴保健工作实施监督管理。

国务院其他有关部门在各自职责范围内，配合卫生行政部门做好母婴保健工作。

第五条　国家鼓励、支持母婴保健领域的教育和科学研究，推广先进、实用的母婴保健技术，普及母婴保健科学知识。

第六条　对在母婴保健工作中做出显著成绩和在母婴保健科学研究中取得显著成果的组织和个人，应当给予奖励。

第二章 婚前保健

第七条 医疗保健机构应当为公民提供婚前保健服务。

婚前保健服务包括下列内容：

（一）婚前卫生指导：关于性卫生知识、生育知识和遗传病知识的教育；

（二）婚前卫生咨询：对有关婚配、生育保健等问题提供医学意见；

（三）婚前医学检查：对准备结婚的男女双方可能患影响结婚和生育的疾病进行医学检查。

第八条 婚前医学检查包括对下列疾病的检查：

（一）严重遗传性疾病；

（二）指定传染病；

（三）有关精神病。

经婚前医学检查，医疗保健机构应当出具婚前医学检查证明。

第九条 经婚前医学检查，对患指定传染病在传染期内或者有关精神病在发病期内的，医师应当提出医学意见；准备结婚的男女双方应当暂缓结婚。

第十条 经婚前医学检查，对诊断患医学上认为不宜生育的严重遗传性疾病的，医师应当向男女双方说明情况，提出医学意见；经男女双方同意，采取长效避孕措施或者施行结扎手术后不生育的，可以结婚。但《中华人民共和国婚姻法》规定禁止结婚的除外。

第十一条　接受婚前医学检查的人员对检查结果持有异议的，可以申请医学技术鉴定，取得医学鉴定证明。

第十二条　男女双方在结婚登记时，应当持有婚前医学检查证明或者医学鉴定证明。

第十三条　省、自治区、直辖市人民政府根据本地区的实际情况，制定婚前医学检查制度实施办法。

省、自治区、直辖市人民政府对婚前医学检查应当规定合理的收费标准，对边远贫困地区或者交费确有困难的人员应当给予减免。

第三章　孕产期保健

第十四条　医疗保健机构应当为育龄妇女和孕产妇提供孕产期保健服务。

孕产期保健服务包括下列内容：

（一）母婴保健指导：对孕育健康后代以及严重遗传性疾病和碘缺乏病等地方病的发病原因、治疗和预防方法提供医学意见；

（二）孕妇、产妇保健：为孕妇、产妇提供卫生、营养、心理等方面的咨询和指导以及产前定期检查等医疗保健服务；

（三）胎儿保健：为胎儿生长发育进行监护，提供咨询和医学指导；

（四）新生儿保健：为新生儿生长发育、哺乳和护理提供医疗保健服务。

第十五条 对患严重疾病或者接触致畸物质，妊娠可能危及孕妇生命安全或者可能严重影响孕妇健康和胎儿正常发育的，医疗保健机构应当予以医学指导。

第十六条 医师发现或者怀疑患严重遗传性疾病的育龄夫妻，应当提出医学意见。育龄夫妻应当根据医师的医学意见采取相应的措施。

第十七条 经产前检查，医师发现或者怀疑胎儿异常的，应当对孕妇进行产前诊断。

第十八条 经产前诊断，有下列情形之一的，医师应当向夫妻双方说明情况，并提出终止妊娠的医学意见：

（一）胎儿患严重遗传性疾病的；

（二）胎儿有严重缺陷的；

（三）因患严重疾病，继续妊娠可能危及孕妇生命安全或者严重危害孕妇健康的。

第十九条 依照本法规定施行终止妊娠或者结扎手术，应当经本人同意，并签署意见。本人无行为能力的，应当经其监护人同意，并签署意见。

依照本法规定施行终止妊娠或者结扎手术的，接受免费服务。

第二十条 生育过严重缺陷患儿的妇女再次妊娠前，夫妻双方应当到县级以上医疗保健机构接受医学检查。

第二十一条 医师和助产人员应当严格遵守有关操作规程，提高助产技术和服务质量，预防和减少产伤。

第二十二条 不能住院分娩的孕妇应当由经过培训、具备相应接生能力的接生人员实行消毒接生。

第二十三条 医疗保健机构和从事家庭接生的人员按照国务院卫生行政部门的规定，出具统一制发的新生儿出生医学证明；有产妇和婴儿死亡以及新生儿出生缺陷情况的，应当向卫生行政部门报告。

第二十四条 医疗保健机构为产妇提供科学育儿、合理营养和母乳喂养的指导。

医疗保健机构对婴儿进行体格检查和预防接种，逐步开展新生儿疾病筛查、婴儿多发病和常见病防治等医疗保健服务。

第四章　技术鉴定

第二十五条　县级以上地方人民政府可以设立医学技术鉴定组织，负责对婚前医学检查、遗传病诊断和产前诊断结果有异议的进行医学技术鉴定。

第二十六条　从事医学技术鉴定的人员，必须具有临床经验和医学遗传学知识，并具有主治医师以上的专业技术职务。

医学技术鉴定组织的组成人员，由卫生行政部门提名，同级人民政府聘任。

第二十七条　医学技术鉴定实行回避制度。凡与当事人有利害关系，可能影响公正鉴定的人员，应当回避。

第五章　行政管理

第二十八条　各级人民政府应当采取措施，加强母婴保健工作，提高医疗保健服务水平，积极防治由环境因素所致严重危害母亲和婴儿健康的地方性高发性疾病，促进母婴保健事业的发展。

第二十九条　县级以上地方人民政府卫生行政部门管理本行政区域内的母婴保健工作。

第三十条　省、自治区、直辖市人民政府卫生行政部门指定的医疗保健机构负责本行政区域内的母婴保健监测和技术指导。

第三十一条　医疗保健机构按照国务院卫生行政部门的规定，负责其职责范围内的母婴保健工作，建立医疗保健工作规范，提高医学技术水平，采取各种措施方便人民群众，做好母婴保健服务工作。

第三十二条　医疗保健机构依照本法规定开展婚前医学检查、遗传病诊断、产前诊断以及施行结扎手术和终止妊娠手术的，必须符合国务院卫生行政部门规定的条件和技术标准，并经县级以上地方人民政府卫生行政部门许可。

严禁采用技术手段对胎儿进行性别鉴定，但医学上确有需要的除外。

第三十三条　从事本法规定的遗传病诊断、产前诊断的人员，必须经过省、自治区、直辖市人民政府卫生行政部门的考核，并取得相应的合格证书。

从事本法规定的婚前医学检查、施行结扎手术和终止妊娠手术的人员，必须经过县级以上地方人民政府卫生行政部门的考核，并取得相应的合格证书。

第三十四条　从事母婴保健工作的人员应当严格遵守职业道德，为当事人保守秘密。

第六章　法律责任

第三十五条　未取得国家颁发的有关合格证书的，有下列行为之一，县级以上地方人民政府卫生行政部门应当予以制止，并可以根据情节给予警告或者处以罚款：

（一）从事婚前医学检查、遗传病诊断、产前诊断或者医学技术鉴定的；

（二）施行终止妊娠手术的；

（三）出具本法规定的有关医学证明的。

上款第（三）项出具的有关医学证明无效。

第三十六条　未取得国家颁发的有关合格证书，施行终止妊娠手术或者采取其他方法终止妊娠，致人死亡、残疾、丧失或者基本丧失劳动能力的，依照刑法有关规定追究刑事责任。

第三十七条　从事母婴保健工作的人员违反本法规定，出具有关虚假医学证明或者进行胎儿性别鉴定的，由医疗保健机构或者卫生行政部门根据情节给予行政处分；情节严重的，依法取消执业资格。

第七章　附　则

第三十八条　本法下列用语的含义：

指定传染病，是指《中华人民共和国传染病防治法》中规定的艾滋病、淋病、梅毒、麻疯病以及医学上认为影响结婚和生育的其他传染病。

严重遗传性疾病，是指由于遗传因素先天形成，患者全部或者部分丧失自主生活能力，后代再现风险高，医学上认为不宜生育的遗传性疾病。

有关精神病，是指精神分裂症、躁狂抑郁型精神病以及其他重型精神病。

产前诊断，是指对胎儿进行先天性缺陷和遗传性疾病的诊断。

第三十九条　本法自 1995 年 6 月 1 日起施行。

江苏省职工生育保险规定

（2014年6月20日江苏省人民政府第34次常务会议讨论通过，自2014年10月1日起施行）

第一章 总 则

第一条 为了维护职工的合法权益，保障职工在生育和实施计划生育手术期间获得经济补偿和基本医疗服务，均衡用人单位生育费用负担，促进妇女就业，根据《中华人民共和国社会保险法》等法律、法规，结合本省实际，制定本规定。

第二条 本规定适用于本省行政区域内的机关、企业、事业单位、社会组织以及有雇工的个体工商户（以下统称用人单位）及其职工（含个体工商户招用的雇工）。

第三条 用人单位按照属地原则依法参加生育保险，并按时足额缴纳生育保险费。职工个人不缴纳生育保险费。

第四条 生育保险实行设区的市统筹，逐步实行省级统筹。

第五条 县级以上地方人民政府人力资源和社会保障行政部门负责本行政区域内的生育保险管理工作。社会保险经办机构具体承办生育保险事务。

第六条　县级以上地方人民政府财政、卫生计生、税务、审计、价格等部门在各自职责范围内，协助做好生育保险有关工作。

工会、妇联依法维护职工的合法权益，有权参与生育保险重大事项研究，对用人单位执行本规定的情况实施监督。

第二章　生育保险基金

第七条　生育保险基金根据以支定收、收支平衡的原则筹集和使用。县级以上地方人民政府在生育保险基金出现支付不足时，给予补贴。

第八条　生育保险基金由下列各项构成：

（一）用人单位缴纳的生育保险费；

（二）生育保险基金的利息等增值收入；

（三）按照规定收取的滞纳金；

（四）政府补贴资金；

（五）其他依法应当纳入生育保险基金的资金。

第九条　用人单位按照本单位职工工资总额的一定比例缴纳生育保险费，缴费比例一般不超过0.5%。具体缴费比例由设区的市人民政府根据当地实际情况测算后提出，报省人民政府批准后实施。缴费比例超过 0.5% 的，经省人民政府批准后，报国务院人力资源和社会保障、财政部门备案。

设区的市人民政府应当根据生育保险基金收支和累计结余情况，及时调整生育保险费缴费比例，按照规定程序报批后实施。

用人单位缴纳的生育保险费按照财政和税务部门规定的渠道列支。

第十条 生育保险费的征缴管理按照《中华人民共和国社会保险法》《江苏省社会保险费征缴条例》的规定执行。

第十一条 生育保险基金实行设区的市统一编制预算，统一组织实施。生育保险基金预算、决算草案的编制、审核和批准，按照法律和国务院规定执行。

第十二条 生育保险基金单独建账，独立核算，执行国家统一的会计制度。

生育保险基金纳入财政专户管理，按照国家规定的存款利率计息，专款专用，任何组织和个人不得侵占或者挪用，不得用于平衡其他政府预算。

第三章 生育保险待遇

第十三条 生育保险待遇包括生育医疗费用、生育津贴和一次性营养补助。

生育医疗费用包括生育的医疗费用、计划生育的医疗费用以及法律、法规规定的其他项目费用。

第十四条　职工所在用人单位按时足额为其缴纳生育保险费的，职工按照国家规定享受生育保险待遇；职工未就业配偶按照国家和省规定享受生育的医疗费用待遇。所需资金从生育保险基金中支付。

职工或者职工未就业配偶分娩、流产、引产或者实施计划生育手术时，用人单位为其连续缴费不足10个月的，职工生育医疗费用或者职工未就业配偶生育的医疗费用待遇由生育保险基金支付；职工的生育津贴和一次性营养补助，在用人单位连续缴费满10个月后，由生育保险基金支付。

第十五条　用人单位未按照规定办理社会保险登记或者未按时足额缴纳生育保险费，其职工的生育保险待遇和职工未就业配偶生育的医疗费用待遇由用人单位按照所属统筹地区生育保险规定的待遇标准足额支付，其中，生育津贴的支付标准按照职工产假或者休假前工资的标准执行。

第十六条　生育保险基金支付的生育的医疗费用包括参加生育保险的职工在妊娠和分娩住院期间，因产前检查、住院分娩或者因生育而引起的流产、引产，所发生的符合生育保险规定的医疗费用。其中，分娩住院期间诊治生育引起的并发症、合并症符合生育保险规定的医疗费用，由生育保险基金支付；其他期间产生的上述费用，按照职工基本医疗保险规定，由职工基本医疗保险基金支付。

第十七条　生育保险基金支付的计划生育的医疗费用包括参加生育保险的职工实施放置或者取出宫内节育器、人工流产术或者引产术、输卵管或者输精管结扎以及复通手术等，所发生的符合生育保险规定的医疗费用。其中，因实施计划生育手术引起的并发症的医疗费用，在手术和住院期间，由生育保险基金按照生育保险规定支付；手术或者出院之后产生的上述费用，按照职工基本医疗保险规定，由职工基本医疗保险基金支付。

第十八条　生育津贴是职工按照国家和省有关规定享受产假或者计划生育手术休假期间获得的工资性补偿。生育津贴按照职工产假或者休假天数计发，计发基数为职工所在用人单位上年度职工月平均工资除以30。

职工在产假或者休假期间按照以下标准享受生育津贴：

（一）生育的，享受98天的生育津贴，其中难产的，增加15天的生育津贴；生育多胞胎的，每多生育1个婴儿，增加15天的生育津贴；晚育的，增加30天的生育津贴；

（二）妊娠不满2个月流产的，享受20天的生育津贴；妊娠满2个月不满3个月流产的，享受30天的生育津贴；妊娠满3个月不满7个月流产、引产的，享受42天的生育津贴；妊娠满7个月引产的，享受98天的生育津贴；

（三）实行输卵管结扎手术的，享受21天的生育津贴；实行输精管结扎手术的，享受7天的生育津贴；

（四）实行输卵管复通手术的，享受21天的生育津贴；实行输精管复通手术的，享受14天的生育津贴；

（五）放置或者取出宫内节育器的，享受2天的生育津贴；

（六）符合国家和省有关规定享受护理假的，享受10天的生育津贴。

在本规定实施后，国家、省对产假和计划生育手术休假进行调整的，生育津贴按照调整后的规定执行。

职工产假或者休假期间，享受的生育津贴低于其产假或者休假前工资的标准的，由用人单位予以补足；高于其产假或者休假前工资的标准的，用人单位不得截留。

第十九条　职工生育或者妊娠满7个月引产的，发给一次性营养补助，标准为统筹地区上年度城镇非私营单位在岗职工年平均工资的2%。

第二十条　职工未就业配偶按照职工参保地规定的生育的医疗费用标准的50%享受生育的医疗费用待遇。

职工未就业配偶参加城镇居民基本医疗保险或者新型农村合作医疗的，应当按照城镇居民基本医疗保险、新型农村合作医疗和农村孕产妇住院分娩补助政策享受相关医疗待遇，生育保险基金不再支付其生育的医疗费用待遇。

职工未就业配偶按照人口和计划生育法律、法规规定，免费享受国家规定的基本项目的计划生育技术服务，生育保险基金不支付其计划生育的医疗费用待遇。

第二十一条　参加生育保险的女职工失业后，在领取失业保险金期间，生育的医疗费用、一次性营养补助由生育保险基金按照规定支付。

第二十二条　职工异地生育或者实施计划生育手术的医疗费用，按照职工参保地的生育保险待遇标准支付。

第二十三条　下列费用不纳入生育保险基金支付范围：

（一）违反人口和计划生育法律、法规规定，生育或者实施计划生育手术的生育医疗费用、生育津贴和一次性营养补助；

（二）不符合生育保险药品目录、诊疗项目、医疗服务设施范围和支付标准的费用；

（三）应当由基本医疗保险基金支付的费用；

（四）应当由公共卫生或者其他公共服务项目以及按照规定由免费的计划生育技术服务项目负担的费用；

（五）属于医疗事故等，应当由第三人负担的费用；

（六）在国外以及港澳台地区发生的生育医疗费用；

（七）新生儿疾病筛查、护理和医疗的费用；

（八）未经批准在非定点医疗机构就医的生育医疗费用（急诊、抢救的除外）；

（九）国家和省规定的不属于生育保险基金支付的其他费用。

第四章　生育保险管理和监督

第二十四条　生育保险与医疗保险实行统一经办管理。生育保险和医疗保险设立统一的社会保险经办机构，建立统一的信息管理系统，并进行统一征缴、统一管理。

社会保险经办机构的人员经费、经办生育保险发生的基本运行和管理费用，由同级财政按照国家规定列入本级财政预算。

第二十五条　生育保险医疗机构实行定点管理。人力资源和社会保障行政部门负责本统筹地区生育保险定点医疗机构资格认定工作。社会保险经办机构按照规定与取得生育保险定点资格的医疗机构签订医疗服务协议，明确双方的责任、权利和义务，并向社会公布。

第二十六条　参加生育保险的职工应当到生育保险定点医疗机构就医。生育保险定点医疗机构应当按照医疗服务协议的内容提供生育医疗服务。生育保险定点医疗机构提供生育保险基金支付范围以外的药品、诊疗项目和医疗服务设施，应当征得职工或者其家属的同意。

第二十七条　参加生育保险的职工享受生育保险待遇或者职工未就业配偶享受生育的医疗费用待遇，应当到所属统筹地区社会保险经办机构或者其指定的地点办理以下手续：

（一）选择生育保险定点医疗机构；

（二）提交本人《身份证》《社会保障卡》《结婚证》原件及复印件、卫生计生行政部门出具的计划生育证明以及医疗机构出具的生育或者计划生育手术医学证明；

（三）失业女职工提交《就业失业登记证》原件及复印件；

（四）职工未就业配偶提交《就业失业登记证》或者职工所在单位及其配偶所在村（居）委会出具的未就业证明，以及职工配偶户籍所在地社会保险经办机构或者新型农村合作医疗经办机构出具的参保（合）情况证明；

（五）所属统筹地区人力资源和社会保障行政部门规定的其他材料。

卫生计生行政部门或者工作机构应当为参加生育保险的职工出具计划生育证明。

第二十八条 生育保险药品目录、诊疗项目、医疗服务设施范围和支付标准由省人力资源和社会保障行政部门制定。

第二十九条 参加生育保险的职工在生育保险定点医疗机构产前检查、住院分娩和实施计划生育手术发生的符合生育保险规定的医疗费用实行按单元、病种付费，由社会保险经办机构与生育保险定点医疗机构直接结算。

参加生育保险的职工在二级及以下医疗机构生育和实施计划

生育手术的医疗费用，符合生育保险规定的，由生育保险基金全额支付。

生育津贴、一次性营养补助由社会保险经办机构发放给用人单位，由其支付给参加生育保险的职工；由于用人单位的原因，导致上述费用无法正常发放的，社会保险经办机构可以将上述费用直接支付给职工本人。参加生育保险的失业女职工的一次性营养补助由社会保险经办机构直接支付给失业女职工本人。

第三十条　人力资源和社会保障、财政和地税部门应当加强信息联网建设，保障参保职工及时享受生育保险待遇。

社会保险经办机构应当按时足额支付生育保险待遇。

第三十一条　任何单位和个人不得以欺诈、伪造证明材料或者其他手段骗取生育保险基金支出和生育保险待遇。

第三十二条　人力资源和社会保障行政部门应当加强对用人单位和个人遵守本规定情况的监督检查。

财政、审计、人力资源和社会保障行政部门按照各自职责，依法对生育保险基金的收支、管理情况实施监督。

第三十三条　职工对享受的生育保险待遇有疑义的，有权到用人单位或者社会保险经办机构查询。职工与用人单位因生育保险待遇发生劳动人事争议，可以依法向劳动人事争议仲裁委员会申请仲裁；对仲裁裁决不服的，可以向人民法院提起诉讼。

第三十四条　用人单位或者职工认为社会保险费征收机构和

社会保险经办机构在生育保险费征收、社会保险登记、核定生育保险费、支付生育保险待遇等方面侵害其合法权益的，可以依法申请行政复议或者向人民法院提起诉讼。

第五章　法律责任

第三十五条　违反本规定，人力资源和社会保障、财政部门和社会保险经办机构及其工作人员，有下列行为之一的，由上级机关责令其改正，追回挪用、流失的款项；对直接负责的主管人员和其他直接责任人员，依法给予处分；构成犯罪的，依法追究刑事责任：

（一）违反第十二条第二款规定，未将生育保险基金纳入财政专户管理，按照国家规定的存款利率计息，或者未专款专用，用于平衡其他政府预算的；

（二）违反第十三条规定，擅自更改或者扩大生育保险待遇范围的；

（三）违反第二十八条规定，擅自制定或者更改生育保险药品目录、诊疗项目、医疗服务设施范围和支付标准的；

（四）违反第三十条第二款规定，未按时足额支付生育保险待遇的。

第三十六条　违反本规定第十五条规定，用人单位未依法缴纳生育保险费又拒不支付职工生育津贴的，由人力资源和社会保障行政部门责令限期支付；逾期不支付的，责令用人单位按照应付金额 50% 以上 100% 以下的标准向劳动者加付赔偿金。

第三十七条　违反本规定第三十一条规定，单位或者个人以欺诈、伪造证明材料或者其他手段骗取生育保险基金支出或者生育保险待遇的，由人力资源和社会保障行政部门责令退回骗取的生育保险金，处骗取金额 2 倍以上 5 倍以下罚款；构成犯罪的，依法追究刑事责任。

生育保险定点医疗机构有前款规定行为的，由人力资源和社会保障行政部门取消其定点资格；直接负责的主管人员和其他直接责任人员有执业资格的，由卫生计生行政部门依法吊销其执业资格。

第六章　附　则

第三十八条　本规定所称本单位职工工资总额，是指职工所在用人单位直接支付给本单位全部职工的劳动报酬总额。

本规定所称职工所在用人单位上年度职工月平均工资，按照职工生育或者实施计划生育手术时所在用人单位上年度申报的全部参保职工工资总额计算。

第三十九条　外国人在本省行政区域内就业的，参照本规定参加生育保险，并享受相应的生育保险待遇。

第四十条 灵活就业人员生育保障办法由省人力资源和社会保障行政部门和财政部门制定。

第四十一条 设区的市人民政府按照本规定，结合本地实际情况制定实施办法，报省人力资源和社会保障行政部门备案。

第四十二条 本规定自 2014 年 10 月 1 日起施行。1999 年 9 月 10 日发布的江苏省人民政府令第 161 号《江苏省城镇企业职工生育保险规定》同时废止。

江苏省人口与计划生育条例

（2002年10月23日江苏省第九届人民代表大会常务委员会第三十二次会议通过　根据2004年6月17日江苏省第十届人民代表大会常务委员会第十次会议《关于修改〈江苏省人口与计划生育条例〉的决定》第一次修正　根据2014年3月28日江苏省第十二届人民代表大会常务委员会第九次会议《关于修改〈江苏省人口与计划生育条例〉的决定》第二次修正　根据2016年3月30日江苏省第十二届人民代表大会常务委员会第二十二次会议《关于修改〈江苏省人口与计划生育条例〉的决定》第三次修正）

第一章　总　则

第一条　为了实现人口与经济、社会、资源、环境的协调发展，推行计划生育，维护公民的合法权益，促进家庭幸福、民族繁荣与社会进步，根据《中华人民共和国人口与计划生育法》和有关法律、行政法规，结合本省实际，制定本条例。

第二条　本省行政区域内的公民，以及机关、团体、企业事业单位和其他组织，都必须遵守本条例。

第三条 地方各级人民政府领导本行政区域内的人口与计划生育工作。

县级以上地方人民政府卫生和计划生育行政部门负责本行政区域内的计划生育工作和与计划生育有关的人口工作。

县级以上地方人民政府其他有关部门应当在政府明确的职责范围内，负责有关的人口与计划生育工作。

第四条 人口与计划生育工作，实行由地方各级人民政府、部门主要领导负责的目标管理责任制。

乡（镇）人民政府和城市街道办事处可以与本管辖区域内的机关、团体、企业事业单位和其他组织，签订计划生育管理责任状。

第五条 地方各级人民政府应当采取综合措施，控制人口数量，提高人口素质；依靠宣传教育、科学技术进步、综合服务、建立健全奖励扶助制度和社会保障制度，开展人口与计划生育工作。

地方各级人民政府和相关部门制定的社会、经济政策，应当有利于人口与计划生育工作。

第六条 地方各级人民政府及其工作人员在推行计划生育工作中应当依法行政，文明执法，不得侵犯公民的合法权益。

卫生和计划生育行政部门及其工作人员依法执行公务受法律保护。

第七条　公民有生育的权利，有依法实行计划生育的义务。公民实行计划生育的合法权益受法律保护。

第八条　地方各级人民政府应当对在人口与计划生育工作中作出显著成绩的单位和个人，给予表彰和奖励。

第二章　人口发展规划的制定与实施

第九条　县级以上地方各级人民政府编制本行政区域的人口发展规划，并根据人口发展规划，制定和组织实施人口与计划生育实施方案。

人口与计划生育实施方案应当规定控制人口数量，加强母婴保健，提高人口素质的具体措施。

第十条　县级以上地方人民政府卫生和计划生育行政部门负责实施本行政区域内人口与计划生育实施方案的日常工作。其他有关部门和单位应当在各自的职责范围内，提出人口与计划生育实施方案的落实措施，共同做好人口与计划生育工作。

第十一条　发展改革、卫生和计划生育、公安、人力资源和社会保障、民政、教育、统计等部门，应当相互提供有关人口数据，实行信息资源共享。

第十二条　卫生和计划生育、教育、新闻出版广电等部门应当组织开展人口与计划生育宣传教育。

报刊、广播、电视等大众传媒负有开展人口与计划生育的社会公益性宣传的义务。

第十三条 乡（镇）人民政府和城市街道办事处负责本管辖区域内的人口与计划生育工作，贯彻落实人口与计划生育实施方案。

乡（镇）人民政府和城市街道办事处应当按照有关规定设立计划生育办公室，配备计划生育工作人员。

第十四条 村（居）民委员会应当依法做好人口与计划生育工作，将人口与计划生育工作纳入村（居）民自治内容，及时公布具体落实方案，接受村（居）民的监督。

村（居）民委员会应当有负责管理人口与计划生育工作的专（兼）职人员。

第十五条 机关、团体、事业单位应当明确一名负责人，主管本单位的人口与计划生育工作；企业的人口与计划生育工作，实行法定代表人或者企业负责人负责制。机关、团体、企业事业单位在人口与计划生育方面的主要职责是：

（一）执行有关人口与计划生育的法律、法规和规章；

（二）落实人口与计划生育宣传教育、避孕节育措施及奖励等各项经费；

（三）确定负责本单位计划生育工作的机构或者专（兼）职人员，督促做好人口与计划生育日常管理工作；

（四）保障实行计划生育职工的合法权益。

第十六条 城市应当依托社区，建立属地管理、单位负责、居民自治、社区服务的人口与计划生育工作管理机制，将人口与计划生育工作纳入社区管理和服务体系。

第十七条 流动人口的计划生育工作由其户籍所在地和现居住地的人民政府共同负责管理，以现居住地管理为主。现居住地政府应当将流入人口纳入本地经费投入的总人口基数计算。

第十八条 地方各级人民政府应当按照国家规定将人口与计划生育经费纳入财政预算，保障人口与计划生育工作必要的经费；对经济欠发达地区经费投入给予重点扶持。

各级财政、审计部门应当对人口与计划生育经费的使用情况进行监督、检查。

第十九条 建立健全避孕药具免费发放供应管理制度和零售市场经营管理制度，具体办法按照国家有关规定执行。

第三章 生育调节

第二十条 提倡一对夫妻生育两个子女。

符合下列情形之一的，可以要求安排再生育子女：

（一）一方婚前未生育，一方婚前已生育过一个子女，且双方婚后共同生育一个子女的；

（二）双方婚前合计生育两个及以上子女，且没有共同生育子女的；

（三）已生育的两个子女中，有经病残儿医学鉴定机构鉴定为病残儿，医学上认为可以再生育的。

依法收养的子女，执行本条例规定时，不计入生育的子女数。

第二十一条 符合本条例第二十条第二款规定再生育一个子女后，其中一个子女死亡，夫妻仍符合本条例第二十条第二款规定的，可以要求安排再生育子女。

除本条例第二十条第二款和本条第一款规定的情形外，其他要求安排再生育子女的特殊情形，由省卫生和计划生育行政部门提出，报省人民政府批准并公布。

第二十二条 夫妻双方为归侨或者香港特别行政区、澳门特别行政区、台湾地区居民，在本省定居，夫妻双方所生育的子女不在内地定居的，执行本条例规定时，不计入生育的子女数。

夫妻一方为本省居民，一方为香港特别行政区、澳门特别行政区、台湾地区居民或者外国人，本省居民的配偶一方婚前已有的子女以及双方婚后生育的子女不在内地定居的，执行本条例规定时，不计入生育的子女数。

第二十三条 生育两个以内子女的，由夫妻自主安排生育，卫生和计划生育行政部门按照国家有关规定实行生育登记服务制度，做好相关服务工作。

第二十四条　符合本条例规定可以再生育子女的夫妻，共同向一方户籍所在地乡（镇）人民政府或者城市街道办事处书面提出再生育要求。

乡（镇）人民政府或者城市街道办事处应当在收到书面再生育要求和有关证明材料之日起十五日内提出审核意见，报所在地的县（市、区）卫生和计划生育行政部门。县（市、区）卫生和计划生育行政部门应当自收到审核意见之日起十五日内办理完毕，符合条件的，发给生育证，并予以公布；不符合条件的，应当书面告知，并说明理由。

省、设区的市卫生和计划生育行政部门应当加强对再生育审批工作的监督检查。

第二十五条　育龄夫妻自主选择计划生育避孕节育措施，预防和减少非意愿妊娠。

第二十六条　外省迁入本省的公民，迁入前已取得当地批准再生育子女证明的，应当允许其生育。

第四章　奖励扶助与社会保障

第二十七条　依法办理结婚登记的夫妻，在享受国家规定婚假的基础上，延长婚假十天。

自2016年1月1日起，符合本条例规定生育子女的夫妻，女方在享受国家规定产假的基础上，延长产假三十天，男方享受护理假十五天。

前两款规定的假期视为出勤，在规定假期内照发工资，不影响福利待遇，国家法定休假日不计入前两款规定的假期。

用人单位根据具体情况，可以给予其他优惠待遇。

第二十八条 在国家提倡一对夫妻生育一个子女期间，自愿终身只生育一个子女的夫妻，可以按照规定领取《独生子女父母光荣证》。

在国家提倡一对夫妻生育一个子女期间，依法收养一个子女后不再生育的，以及依法生育两个子女，其中一个子女死亡，以后不再生育的，可以按照规定领取《独生子女父母光荣证》。

持《独生子女父母光荣证》者，按照规定继续享受计划生育家庭老年人相关奖励扶助。

持《独生子女父母光荣证》者，独生子女发生意外伤残、死亡的，按照规定获得扶助。

第二十九条 持《独生子女父母光荣证》者，从领证之年起至子女十四周岁止，每年各领取二十元以上的独生子女父母奖励金，或者在领证时按照上述标准一次性领取独生子女父母奖励金。奖励金的具体标准由设区的市人民政府规定。

独生子女父母奖励金的领取，按照以下规定执行：

（一）机关、团体、企业事业单位人员由其所在单位支付；

（二）农村居民由乡（镇）财政支付，县（市、区）财政给予适当补助；

（三）其他人员由其户籍所在地的县（市、区）财政支付。

第三十条　持《独生子女父母光荣证》的职工，在办理退休手续后，可以按照其退休前月工资的百分之五每月增发退休金，也可以由所在单位给予一次性奖励或者为其办理补充养老保险，具体办法由省人民政府另行规定。

第三十一条　根据政府支持和农民自愿的原则，采取政府、集体和个人共同出资等多种形式，在农村地区逐步建立独生子女父母养老保险及其他有利于计划生育的社会保障制度。

在已经建立养老保险制度的农村地区，应当优先为只生育一个女孩并领取《独生子女父母光荣证》的夫妻办理养老保险。县级人民政府民政部门应当对农村中只生育一个女孩并领取《独生子女父母光荣证》的特困户优先给予救济和帮助。

第三十二条　地方各级人民政府对实行计划生育的夫妻或者家庭，在发展经济、扶贫以及独生子女入托、入园、入学、医疗、安排宅基地等方面制定的奖励、优惠规定，有关单位应当执行。

第五章　计划生育技术服务

第三十三条　实行婚前医学检查，开展有关遗传性疾病的常规筛选，防止或者减少出生缺陷，提高出生婴儿健康水平。卫生和计划生育行政部门应当依法进行监督管理。

第三十四条　建立计划生育避孕节育和生殖保健服务制度，普及避孕节育、生殖科学知识，鼓励开展计划生育生殖健康、提高出生人口素质的基础研究和应用研究，为公民提供计划生育技术服务，提高公民生殖健康水平。

第三十五条　计划生育技术服务机构和从事计划生育技术服务的医疗、保健机构应当按照优势互补的原则，在各自的职责和执业许可证批准的服务范围内，开展计划生育技术服务。

从事与计划生育有关的临床服务人员，应当依法取得相应的执业资格，法律、行政法规规定应当申请注册的，从其规定。

第三十六条　提倡公民以避孕为主实行计划生育。公民享有对避孕方法的知情权、选择权。

计划生育技术服务人员应当指导育龄夫妻选择安全、有效、适宜的避孕措施。

对已生育子女的夫妻，提倡选择长效避孕措施。

第三十七条　禁止利用超声技术和其他技术手段进行非医

学需要的胎儿性别鉴定；禁止非医学需要选择性别的人工终止妊娠。

第三十八条　接受节育手术的公民，凭医疗单位的证明，可以按照规定享有相应的假期。

第三十九条　实行计划生育的育龄夫妻免费享受基本项目的计划生育技术服务。计划生育技术服务的基本项目包括：避孕药具发放；孕情、环情监测；放置、取出宫内节育器及技术常规所规定的医学检查；人工流产术、引产术及技术常规所规定的医学检查；输卵管结扎术、输精管结扎术及技术常规规定的医学检查；计划生育手术并发症诊治。

农村实行计划生育的育龄夫妻，所需的计划生育技术服务基本项目费用，由地方人民政府分级负担，以县（市、区）为主。

城镇实行计划生育的职工，所需的计划生育技术服务基本项目费用和生育费用，参加生育保险的，在生育保险基金中支付；未参加生育保险，但已参加基本医疗保险的，在基本医疗保险统筹基金中支付；未参加生育保险和基本医疗保险的，由单位支付。实行计划生育的国家公务员，所需的计划生育技术服务基本项目费用和生育费用，在医疗补助经费中支付。城镇其他人员所需的计划生育技术服务基本项目的费用由县（市、区）财政支付。

第四十条　对因施行节育手术而引起的并发症或者医疗事故

的鉴定与处理，按照国家和省有关规定执行。

经鉴定为节育手术并发症的，由县级以上卫生和计划生育行政部门指定的医疗机构负责治疗。医疗机构证明需要休息的，休息期间视为出勤，不影响工资及福利待遇。经劳动鉴定委员会鉴定，完全丧失劳动能力的，由单位和当地人民政府帮助其安排好生产和生活。

第六章　法律责任

第四十一条　不符合本条例规定生育子女的，男女双方应当分别依照国务院《社会抚养费征收管理办法》和本条例规定缴纳社会抚养费，且不享受本条例第二十七第三款规定的待遇。

社会抚养费的征收，城镇居民以子女出生前一年设区的市或者县（市）城镇居民年人均可支配收入为计征的基本标准；农村居民以子女出生前一年乡（镇）农村居民年人均可支配收入为计征的基本标准。实际收入是城镇居民年人均可支配收入或者农村居民年人均可支配收入二倍以上的，除按照本条第三款规定缴纳社会抚养费外，对其超出人均收入部分还应当缴纳一倍至二倍的社会抚养费。

依照本条第一款规定应当缴纳社会抚养费的具体标准是：

（一）不符合本条例规定多生育一个子女的，按照基本标准的四倍缴纳社会抚养费；

（二）不符合本条例规定多生育二个以上子女的，按照基本标准的五倍至八倍缴纳社会抚养费；

（三）非婚生育一个子女的，按照基本标准的零点五倍至两倍缴纳社会抚养费；

（四）非婚生育二个以上子女的，按照基本标准的五倍至八倍缴纳社会抚养费；

（五）重婚生育的，按照基本标准的六倍至九倍缴纳社会抚养费。

社会抚养费的征收，由县级人民政府卫生和计划生育行政部门作出书面决定。县级人民政府卫生和计划生育行政部门也可以委托乡（镇）人民政府或者城市街道办事处作出书面征收决定。社会抚养费应当上缴国库，纳入地方财政预算管理。

第四十二条 符合本条例规定再生育子女条件，但未按照本条例第二十四条规定领取生育证怀孕的，应当补领生育证；生育时仍未领取生育证的，按照本条例第四十一条规定基本标准的百分之二十缴纳社会抚养费。

第四十三条 夫妻不得以子女已送养为由要求再生育子女，再生育子女的，依照本条例第四十一条的规定处理。

第四十四条 有下列行为之一的，由县级以上卫生和计划生育行政部门依据职权，依照《中华人民共和国人口与计划生育法》第三十六条的规定予以处罚；有关责任人员属于国家工作人员的，还应当给予行政处分；构成犯罪的，依法追究刑事责任：

（一）非法为他人施行计划生育手术的；

（二）利用超声技术和其他技术手段为他人进行非医学需要的胎儿性别鉴定或者选择性别的人工终止妊娠的；

（三）进行假医学鉴定、出具假计划生育证明的。

第四十五条 不按照本条例规定履行人口与计划生育工作职责的，由县级人民政府责令改正，并可以通报批评，对主要负责人和其他直接责任人员，依法给予行政处分。

公民违反本条例规定生育的，其所在的工作单位以及该单位的主要负责人和有管理责任的负责人当年不得被表彰或者奖励。

第四十六条 国家机关工作人员在计划生育工作中玩忽职守、滥用职权、徇私舞弊、侵犯公民合法权益，尚不构成犯罪的，依法给予行政处分；构成犯罪的，依法追究刑事责任。

拒绝、阻碍卫生和计划生育行政部门及其工作人员依法执行公务，或者侮辱、威胁、殴打依法执行公务的计划生育工作人员，构成治安管理违法行为的，由公安机关依照《中华人民共和国治安管理处罚法》予以处罚；构成犯罪的，依法追究刑事责任。

第七章　附　则

第四十七条　省人民政府可以根据本条例制定单项管理规定。

设区的市人民政府可以根据本条例制定具体实施办法。

第四十八条　本条例自2002年12月1日起施行。1990年10月28日江苏省第七届人民代表大会常务委员会第十七次会议通过的《江苏省计划生育条例》同时废止。

江苏省实施《中华人民共和国母婴保健法》办法

（2015 年 1 月 16 日江苏省第十二届人民代表大会常务委员会第十四次会议通过，自 2015 年 6 月 1 日起施行）

第一章　总　则

第一条　为了保障母婴健康，提高出生人口素质，根据《中华人民共和国母婴保健法》《中华人民共和国母婴保健法实施办法》等法律、行政法规，结合本省实际，制定本办法。

第二条　在本省行政区域内从事母婴保健服务及其监督管理活动，适用本办法。

第三条　母婴保健服务主要包括下列事项：

（一）有关母婴保健的科普宣传、教育和咨询；

（二）婚前医学检查、婚前卫生咨询和指导；

（三）产前筛查、产前诊断和遗传病诊断；

（四）助产技术；

（五）计划生育技术；

（六）人类辅助生殖技术和人类精子库技术；

（七）新生儿疾病筛查技术；

（八）围产期保健；

（九）婴幼儿保健；

（十）母婴主要疾病预防与干预；

（十一）有关优生优育、不孕不育的其他生殖健康服务。

第四条　地方各级人民政府应当加强对母婴保健工作的领导，将母婴保健事业纳入国民经济和社会发展规划，为母婴保健事业的发展提供必要的经济、技术和物质条件。

第五条　县级以上地方人民政府卫生和计划生育行政部门主管本行政区域内的母婴保健工作。

县级以上地方人民政府发展改革、财政、民政、人力资源社会保障、公安、教育、科技、食品药品监管、价格等部门在各自职责范围内，做好母婴保健的相关工作。

工会、共青团、妇联、残联等团体应当协助做好母婴保健工作。母婴保健领域的行业协会应当发挥信息交流、诉求反映、服务咨询和行业自律作用。

第六条　从事母婴保健工作的单位和人员，有下列情形之一的，由县级以上地方人民政府或者卫生和计划生育行政部门给予奖励：

（一）在母婴保健工作中做出显著成绩的；

（二）在母婴保健科学研究中取得显著成果的；

（三）在研究推广母婴保健先进实用技术、普及母婴保健知识和宣传教育中作出突出贡献的。

第二章　婚前医学检查

第七条　准备结婚的男女双方应当到经许可的医疗、保健机构进行婚前医学检查。

前款规定的医疗、保健机构，由省和设区的市卫生和计划生育行政部门向社会公布。

各级人民政府及有关部门应当采取多种形式，加强对婚前医学检查必要性的宣传。

第八条　从事婚前医学检查的医疗、保健机构应当按照规定免费提供婚前医学检查，建立健康档案，并承担相应的保密责任。

第九条　医疗、保健机构应当向接受婚前医学检查的当事人出具婚前医学检查证明。婚前医学检查证明的样式由省卫生和计划生育行政部门规定。

婚前医学检查证明应当列明是否发现下列疾病：

（一）在传染期内的艾滋病、淋病、梅毒以及医学上认为影响结婚和生育的传染病；

（二）在发病期内的精神分裂症、躁狂抑郁型精神病以及其他重型精神病；

（三）由于遗传因素先天形成，患者全部或者部分丧失自主生活能力，子代再现风险高，医学上认为不宜生育的严重遗传性疾病；

（四）其他与婚育有关的重要器官和生殖系统疾病等医学上认为不宜结婚的疾病。

发现前款第一项、第二项、第三项疾病的，医师应当向双方当事人说明情况，提出预防、治疗以及采取相应医学措施的建议。

第十条　对不能确诊的疑难病症，由原婚前医学检查机构转诊至设区的市级以上卫生和计划生育行政部门指定的医疗、保健机构进行诊断。

第三章　围产期保健

第十一条　围产期保健主要内容包括：优生优育指导、孕前保健、孕期保健、分娩期保健、产褥期保健、产后康复以及影响妇女健康的主要疾病预防与干预。

第十二条　医疗、保健机构应当为准备妊娠的夫妇提供优生优育指导、孕前保健，包括健康教育与咨询、孕前医学检查和优生筛查、健康状况评估和健康指导等。

第十三条 医疗、保健机构应当为怀孕的妇女提供孕期保健，包括建立孕产期保健册（卡），提供产前检查、产前筛查或者产前诊断、高危孕妇筛查及管理、妊娠合并症和并发症诊治服务，提供心理、营养和卫生指导等。在整个妊娠期间至少提供五次产前检查。

第十四条 实行住院分娩制度。实施农村孕产妇住院分娩限价收费和住院分娩补助政策，引导农村孕产妇住院分娩。农村孕产妇住院分娩限价收费标准和住院分娩补助标准，由省财政部门会同相关部门制定。

医疗、保健机构应当为孕产妇提供分娩期保健，包括对产妇和胎儿进行全产程监护、安全助产以及对新生儿进行评估和处理，降低孕产妇和婴儿死亡率，保障母婴安全，并做好孕产妇和婴儿死亡监测工作。

第十五条 医疗、保健机构应当为产妇提供产褥期保健和产后康复服务，对产妇进行健康评估，开展母乳喂养、产后营养、心理、卫生及避孕指导，根据产妇需求提供约定的产后康复服务及指导等。

第十六条 各级卫生和计划生育行政部门应当按照规定组织医疗、保健机构免费为孕产妇提供艾滋病、梅毒和乙肝的筛查服务。

各级卫生和计划生育行政部门应当按照规定组织医疗、保健机构免费为农村和城市低保适龄妇女进行宫颈癌、乳腺癌检查。

第十七条　禁止非医学需要的胎儿性别鉴定。对怀疑胎儿可能为伴性遗传性疾病、需要进行性别鉴定的，由省卫生和计划生育行政部门指定的医疗、保健机构按照国家和省有关规定进行鉴定。

第十八条　取得执业资格的人类辅助生殖技术和精子库技术服务机构应当依法提供执业范围内的人类辅助生殖技术和精子库技术服务，健全人类辅助生殖技术档案，技术服务质量应当符合国家规定的标准。

禁止非法进行性别选择，禁止买卖配子、合子、胚胎，禁止使用不具有《人类精子库批准证书》机构提供的精子。

第十九条　机关、企业、事业单位、社会组织以及有雇工的个体工商户（以下简称用人单位）应当按照国家有关规定，为女职工孕产期保健提供必要的条件和保障。人力资源社会保障部门应当监督用人单位依法履行维护女职工健康权益的义务。

第四章　婴幼儿保健

第二十条　婴幼儿保健主要内容包括新生儿保健、零岁至六岁儿童健康管理和残疾筛查、托儿所和幼儿园儿童卫生保健以及影响婴幼儿身心健康的常见病、多发病和重大疾病防治。

第二十一条 医疗、保健机构应当按照国家和省有关规定，开展新生儿先天性、遗传性代谢病筛查，做好诊断、治疗和随访。

第二十二条 基层医疗卫生机构应当按照国家有关规定提供新生儿生长发育监测评估，对新生儿上门访视，并进行喂养、疾病预防、护理等方面的科学知识和技术指导。

第二十三条 医疗、保健机构应当建立新生儿出生登记制度，按照国家和省有关规定，做好新生儿性别等相关信息登记、统计和报告工作。

第二十四条 医疗、保健机构应当建立健全《出生医学证明》管理制度，依法为新生儿签发国家统一制发的《出生医学证明》。

户籍登记机关在办理公民出生户口登记时，应当核查申办人提交的《出生医学证明》。

第二十五条 医疗、保健机构应当根据国家和省规定的儿童免疫程序、接种项目、接种要求开展预防接种。疾病预防控制机构负责预防接种的业务指导。

第二十六条 推行母乳喂养。医疗、保健机构应当广泛开展母乳喂养的宣传，为实行母乳喂养提供技术指导和必要的母乳喂养条件，提高母乳喂养率。医疗、保健机构不得向孕产妇和婴儿家庭宣传、推荐母乳代用品，以及张贴、发放含母乳代用品宣传内容的资料或者实物，不得接受母乳代用品生产商、销售商赠送的产品样品或者以推销产品为条件提供的设备、资金等。

第二十七条　母乳代用品生产商、销售商不得在医疗、保健机构宣传其产品，或者以推销为目的向医疗、保健机构有条件地提供设备、资金、产品及宣传资料等。

第二十八条　用人单位应当为有不满一周岁婴儿的女职工安排每天不少于一小时哺乳时间；女职工生育多胞胎的，每多哺乳一个婴儿每天增加一小时哺乳时间。女职工比较多的用人单位应当根据女职工的需要设立哺乳室。

机场、车站、码头、大型商场等公共场所应当设置母婴室，并配备相应的设施，为哺乳提供便利条件。

第二十九条　医疗、保健机构应当按照国家和省有关规定，为零岁至六岁儿童建立保健手册（卡），提供系统保健服务以及常见病、多发病和重大疾病的防治服务，并做好五岁以下儿童死亡和出生缺陷监测工作。

第三十条　卫生和计划生育行政部门应当将托幼机构卫生保健纳入母婴保健服务进行监督管理。妇幼保健计划生育服务机构、疾病预防控制机构、卫生监督机构应当按照职责分工，对托幼机构卫生保健进行业务指导和监督检查。

教育部门应当督促托幼机构做好卫生保健工作，并将卫生保健合格作为托幼机构分级定类、评优奖励的依据。

第五章　服务保障

第三十一条　从事母婴保健服务的机构包括妇幼保健计划生育服务机构，妇产医院，儿童医院，各类医疗机构的妇产科和儿科，基层医疗卫生机构的妇产科门诊、儿科门诊和妇女保健门诊、儿童保健门诊，人类辅助生殖技术机构等。

第三十二条　妇幼保健计划生育服务机构依法从事公益性公共卫生服务。省、设区的市、县（市、区）人民政府应当设置独立建制的、标准化的妇幼保健计划生育服务机构。各地应当采取有效措施推进妇幼保健计划生育服务机构标准化建设。

妇幼保健计划生育服务机构的具体设置办法由省人民政府另行制定。

妇幼保健计划生育服务机构实行分级管理、等级评审和绩效考核制度。

第三十三条　县级以上地方人民政府不得以租赁、合作、组建医疗集团等形式改变妇幼保健计划生育服务机构的独立法人资格和所有权性质，不得以其他名称进行执业登记。设区的市、县（市、区）妇幼保健计划生育服务机构变更应当告知省卫生和计划生育行政部门。

第三十四条　妇幼保健计划生育服务机构应当按照国家要

求，坚持以保健为中心、保健和临床相结合的方针，全面提供母婴保健服务，开展与母婴保健密切相关的临床医疗服务。

第三十五条　妇幼保健计划生育服务机构应当依法对辖区内医疗卫生机构开展的母婴保健服务进行业务指导，并接受卫生和计划生育行政部门委托，承担辖区内母婴保健服务质量监测和妇幼保健人员培训等任务。

第三十六条　省人民政府及其有关部门应当制定相关政策鼓励妇产科专业、儿科专业和妇幼保健专业医学毕业生到妇幼保健计划生育服务机构和基层医疗卫生机构就业。

第六章　监督管理

第三十七条　从事婚前医学检查、产前诊断和遗传病诊断、助产技术、计划生育技术、人类辅助生殖技术和人类精子库技术以及医学需要的胎儿性别鉴定等母婴保健技术服务的医疗、保健机构，应当符合国家和省规定的条件和技术水平，取得卫生和计划生育行政部门的母婴保健技术服务执业许可。

第三十八条　从事母婴保健服务的执业医师、执业护士及其他专业技术人员，应当具备与从事母婴保健服务相适应的技能，取得相应的法定资格，并按照国家和省有关规定参加职业培训和考核。

第三十九条　县级以上地方人民政府可以设立母婴保健医学

技术鉴定委员会，也可以在同级医疗技术鉴定委员会内设立母婴保健医学技术鉴定专业组，负责对本行政区域内有异议的母婴保健医学技术鉴定结果和有异议的下一级鉴定结论进行再鉴定。

进行母婴保健医学技术鉴定时，应当有五名以上相关专业医学技术鉴定委员会成员参加，遵循少数服从多数的原则，不同意见应当记录在案。凡与当事人有利害关系的人员应当回避。

第四十条 省卫生和计划生育行政部门依法建立孕产妇死亡、五岁以下儿童死亡、出生缺陷等监测和死因评审制度以及妇幼卫生调查制度。

第七章 法律责任

第四十一条 违反本办法第十七条规定，进行非医学需要的胎儿性别鉴定的，由卫生和计划生育行政部门责令改正，给予警告，没收违法所得；违法所得一万元以上的，处违法所得二倍以上六倍以下罚款；没有违法所得或者违法所得不足一万元的，处一万元以上三万元以下罚款；情节严重的，吊销执业证书；构成犯罪的，依法追究刑事责任。

第四十二条 违反本办法第十八条规定，人类辅助生殖技术和精子库技术服务机构有下列行为之一的，由省卫生和计划生育行政部门给予三万元以下罚款，对直接负责的主管人员和其他直接责任人员依法给予处分；构成犯罪的，依法追究刑事责任：

（一）未健全人类辅助生殖技术档案的；

（二）技术服务质量不符合国家和省规定的标准的；

（三）非法进行性别选择的；

（四）买卖配子、合子、胚胎的；

（五）使用不具有《人类精子库批准证书》机构提供的精子的。

第四十三条 侮辱、威胁、殴打母婴保健工作人员或者以其他方式妨碍母婴保健工作正常进行，构成违反治安管理行为的，由公安机关依法给予处罚。

第四十四条 在母婴保健工作中发生的医疗纠纷或者医疗事故，按照有关法律、法规处理。

第四十五条 卫生和计划生育行政部门及其工作人员违反本办法规定，玩忽职守、滥用职权、徇私舞弊的，对直接负责的主管人员和其他直接责任人员依法给予处分；构成犯罪的，依法追究刑事责任。

第四十六条 县级以上地方人民政府及其相关部门违反本办法规定，不履行法定职责的，由其上级行政机关责令改正，并对直接负责的主管人员和其他直接责任人员依法给予处分。

第八章　附　则

第四十七条　本办法自2015年6月1日起施行。1997年4月30日江苏省第八届人民代表大会常务委员会第二十七次会议通过的《江苏省实施〈中华人民共和国母婴保健法〉办法》同时废止。

江苏省妇女权益保障条例

（2018年3月28日江苏省第十三届人民代表大会常务委员会第二次会议通过，自2018年6月1日起施行）

目 录

第一章 总 则

第一条 为了保障妇女的合法权益，促进男女平等，充分发挥妇女在中国特色社会主义建设中的作用，根据《中华人民共和国妇女权益保障法》等法律、行政法规，结合本省实际，制定本条例。

第二条 实行男女平等的基本国策，保障妇女合法权益，是全社会的共同责任。全社会应当树立男女平等意识，尊重妇女，关心妇女，为妇女平等享有发展权利、发展机会和发展成果创造良好的社会环境。

第三条 本省行政区域内的国家机关、社会团体、企业事业单位、村民委员会、居民委员会以及其他组织应当依照有关法律、法规和本条例的规定，消除对妇女一切形式的歧视，保障妇女享有与男子平等的权利和依法享有的特殊权益。

第四条 地方各级人民政府领导本行政区域的妇女权益保障工作，贯彻落实有关妇女权益保障的法律、法规，制定妇女权益保障的政策、措施，决定妇女权益保障工作中的重大事项。

县级以上地方人民政府应当根据中国妇女发展纲要，制定本行政区域的妇女发展规划，将其纳入国民经济和社会发展规划，并做好规划的组织实施、分性别的监测统计、评估督查工作。

第五条 县级以上地方人民政府设立的妇女儿童工作委员会，在保障妇女合法权益方面的主要职责是：

（一）协调、指导和督促有关部门做好妇女合法权益保障工作；

（二）组织宣传有关保障妇女合法权益的法律、法规和政策，检查、督促有关法律、法规和政策的贯彻实施；

（三）研究保障妇女合法权益的重大事项，参与制定和修改保障妇女合法权益的法规、规章和政策；

（四）受理对侵害妇女合法权益行为的投诉、举报，督促有关部门查处；

（五）办理政府交办的其他需要妇女儿童工作委员会处理的工作。

妇女儿童工作委员会由有关部门和社会团体负责人组成，人民政府负责人兼任主任，其日常办事机构设在同级妇女联合会。工作经费列入同级人民政府财政预算。

乡（镇）人民政府、街道办事处应当有专职人员负责妇女权益保障工作。

县级以上地方人民政府有关部门应当按照各自职责做好妇女权益保障工作。

第六条　地方各级妇女联合会依照法律、法规和中华全国妇女联合会章程，代表和维护妇女利益，促进男女平等，团结、动员妇女在中国特色社会主义建设中发挥积极作用。地方各级人民政府应当为妇女联合会依法履行职责提供必要的条件。

工会、共产主义青年团、残疾人联合会等人民团体应当在各自的工作范围内做好维护妇女权益的工作。

第七条 学校应当对学生进行社会性别平等教育。

新闻媒体应当开展社会性别平等和维护妇女权益方面的公益宣传、舆论监督。

第八条 鼓励国家机关、社会团体、企业事业单位、村民委员会、居民委员会以及其他组织、个人，开展保障妇女权益的各种公益活动。

第九条 对保障妇女合法权益成绩显著的组织和个人，由县级以上地方人民政府和有关部门、妇女联合会按照国家和省有关规定给予表彰和奖励。

鼓励单位对获得“三八红旗手”等荣誉称号的妇女给予奖励。

第二章 政治权利

第十条 省、设区的市人民代表大会代表候选人中，妇女所占比例不低于百分之二十五，逐步达到百分之三十；县（市、区）和乡（镇）人民代表大会代表候选人中，妇女所占比例不低于百分之二十五。

地方各级人民代表大会常务委员会组成人员中应当有适当数量的女性。

村民委员会、居民委员会成员中，应当有一名以上女性成员。村民代表会议中妇女代表的比例不低于三分之一。

第十一条　县级以上地方人民政府应当有一名以上女性领导成员，县级以上地方人民政府的工作部门应当按照有关规定配备女性领导成员，乡（镇）人民政府、街道办事处应当有一名以上女性领导成员。

设区的市、县（市、区）、乡（镇）人民政府和县级以上地方人民政府工作部门的正职领导中应当有一定数量的女性。

第十二条　工会会员代表大会、职工代表大会中，女职工代表的比例应当与女职工占职工总数的比例相适应。

女职工比例较高的企业事业单位应当有一定数量的女性管理人员。

第十三条　国家机关、社会团体、企业事业单位应当重视培养、选拔女性领导人员和管理人员。

有关部门应当制定规划、采取措施，建立完善有利于实现性别平等的干部选拔任用机制。

各级妇女联合会以及工会女职工委员会等妇女组织，可以向国家机关、社会团体、企业事业单位推荐女性领导人员和管理人员，有关部门和单位应当重视其推荐意见。

第十四条　妇女联合会应当建立健全妇女议事会制度，组织妇女参与制定村规民约、居民公约及有关妇女儿童权益事项的协商议事活动。妇女议事会提出的意见和建议，由妇女联合会提交村民委员会、居民委员会研究处理。

村民委员会、居民委员会应当为妇女参与村民自治、居民自治提供便利、创造条件。

第十五条 制定涉及妇女权益的地方性法规、规章和公共政策时，应当进行社会性别平等评估。

对涉及妇女权益的地方性法规、规章和公共政策的实施情况，制定机关应当进行检查、评估，并听取妇女组织的意见。

县级以上地方人民代表大会常务委员会在检查涉及妇女权益的法律、法规的实施情况时，执法检查组应当吸收本级人民代表大会妇女代表参加，并可以邀请妇女联合会或者其他妇女组织的人员参与。

第三章 文化教育权益

第十六条 国家机关、社会团体、企业事业单位应当保障妇女接受教育和开展文化体育活动的权利，并提供必要的条件。

第十七条 父母或者其他法定监护人应当依法保障适龄女性儿童、少年按时接受并完成义务教育，支持符合入学条件的女性接受学前教育、高中教育和高等教育。

地方各级人民政府及有关部门和学校通过发放助学金、给予生活补助、减免相关费用、安排勤工助学等方式，对家庭经济困难女性接受教育给予帮助。

第十八条　学校应当保障女性在入学、升学、授予学位、就业推荐等方面享有与男性平等的权利。

学校在招生时，应当执行国家和省的有关规定，不得歧视女性，除特殊专业外，不得提高女性的录取标准。

第十九条　学校应当根据女学生的年龄、生理、心理等特点进行生命、性与生殖健康、防范性侵害和性骚扰等女性自我保护教育，并在教育方式、管理制度、设施配置等方面采取措施，保障女学生人身安全和身心健康发展。

第二十条　地方各级人民政府和有关部门应当根据城乡妇女的需要，开展适合妇女的职业教育、创业培训和实用技能培训，提高妇女的劳动技能和就业创业能力。政府组织或者补贴的创业培训和实用技能培训，应当保障妇女占适当的比例，优先安排符合条件的产后返岗妇女、失业妇女、残疾妇女参加培训。

鼓励和支持妇女组织、企业事业单位和其他社会组织举办适合妇女特点的创业培训和实用技能培训。

第四章　劳动和社会保障权益

第二十一条　除国家明确规定女职工禁忌从事的劳动外，用人单位在招用劳动者时，不得以性别或者变相以性别为由拒绝接收符合条件的女性或者提高女性的报名、录用标准。

女性应聘时，用人单位不得要求其提供与劳动合同不直接相关的基本情况。

用人单位制定的规章制度，不得含有歧视女性的内容。

第二十二条　政府设立的公益性岗位，在同等条件下，应当优先录用就业困难、生活困难的妇女。

第二十三条　建立女职工委员会的用人单位应当就女职工特殊权益保护与工会开展集体协商，订立女职工特殊保护专项集体合同，或者在集体合同中专章规定女职工特殊保护内容。

用人单位应当根据女职工生理特点和所从事职业的特点，建立健全女职工劳动保护和安全生产制度，提供劳动保障措施，改善劳动条件，防止职业危害，为女职工提供符合安全和职业卫生要求的工作场所和条件。

用人单位不得安排女职工从事国家规定的禁忌劳动作业和在经期、孕期、哺乳期禁忌的劳动作业。

第二十四条　用人单位不得因结婚、怀孕、生育、哺乳等情形，降低女职工的工资和福利待遇，单方解除与女职工的劳动（聘用）合同。

女职工在孕期、产期、哺乳期内劳动（聘用）合同期限届满的，用人单位不得终止劳动（聘用）合同，劳动（聘用）合同延续至相应的情形消失时终止。

第二十五条　女职工在孕期不能适应原劳动的，用人单位应当根据医疗机构的证明，予以减轻劳动量或者安排其他能够适应的劳动。

女职工怀孕不满三个月需要保胎休息或者怀孕七个月以上且上班确有困难的，用人单位应当根据医疗机构的证明安排其休息，休息期间的工资按照劳动合同或者集体合同约定计发，劳动合同或者集体合同没有约定的，由双方协商确定。休息期间的工资不得低于当地最低工资标准的百分之八十。

女职工怀孕后，经本人申请，用人单位同意安排其在孕期休息的，休息期间的工资由双方协商确定，劳动合同或者集体合同另有约定的从其约定。

第二十六条　女职工较多的用人单位应当根据女职工的需要，建立女职工卫生室、孕妇休息室、哺乳室等设施，解决女职工在生理卫生、哺乳方面的困难。鼓励用人单位为本单位职工提供零至三岁婴幼儿托管服务。

在女方产假期间，鼓励男方所在用人单位安排男方享受不少于五天的共同育儿假。

第二十七条　任何单位不得强迫女职工提前退出工作岗位休养。

对具有高级专业技术职称女性的退休年龄和待遇应当执行国家的有关规定。县级以上地方人民政府及其有关部门应当重视其合法权益。

第二十八条 职工依法参加生育保险，享受生育保险待遇。用人单位应当按时足额缴纳生育保险费。企业在解散、破产过程中，对处于孕期、产期、哺乳期女职工的生育保险费应当预提留。

女职工产假或者计划生育手术休假期间的生育津贴，由生育保险基金按照国家和省有关规定支付；用人单位未参加生育保险的，由用人单位按照女职工休假前工资标准予以支付。

第二十九条 农村妇女住院分娩，由当地人民政府按规定给予补助。

第三十条 县级以上地方人民政府应当至少每两年组织适龄妇女进行一次妇女常见病普查和乳腺癌、宫颈癌筛查。

用人单位应当按照规定组织女职工参加妇女常见病普查和乳腺癌、宫颈癌筛查；在为职工安排健康检查时，应当为女职工安排妇科健康检查，并承担检查所需的费用。

第三十一条 县级以上地方人民政府及其有关部门、乡（镇）人民政府、街道办事处、村民委员会、居民委员会以及妇女联合会、残疾人联合会，应当根据实际情况，对残疾妇女，失能、独居的老年妇女，生活困难的单身母亲，失去独生子女的母亲，女性精神障碍患者，农村留守妇女等，给予精神关怀；符合条件的，按照有关规定给予救助。

第五章　财产权益

第三十二条　妇女在婚姻、家庭关系中依法享有的财产权益不受其收入状况的影响。

婚姻关系存续期间，男女双方对夫妻共同财产享有知情权，一方有权了解财产状况，另一方不得隐瞒。

夫妻一方查询夫妻关系存续期间登记在另一方名下财产状况的，有关登记机构、管理部门应当依法提供相关信息。

第三十三条　夫妻对共有的不动产以及可以联名登记的动产申请联名登记的，有关机构应当按照其申请依法办理登记手续。

第三十四条　农村妇女与男子平等获得农村集体经济组织成员身份，平等享有农村土地承包经营权、宅基地使用权、集体收益分配权。

任何组织和个人不得以未婚、结婚、离婚、丧偶等为由，非法剥夺妇女的农村集体经济组织成员身份，侵害其合法的土地承包经营权、宅基地使用权和集体收益分配权。

任何组织和个人不得截留、拖欠、剥夺妇女依法应当获得的土地征收或者征用补偿安置费用。

第三十五条　农村承包地确权登记，应当将家庭成员中的农村妇女登记在册。

农村妇女作为家庭成员，其宅基地权益应当记载到不动产登记簿和权属证书上。

第三十六条 制定村民自治章程、村规民约或者讨论决定土地权益、集体收益分配等事项时，应当听取本村妇女联合会的意见，保障妇女享有与男子同等的权利，不得歧视妇女。

乡（镇）人民政府发现村民自治章程、村规民约或者涉及土地权益、集体收益分配等事项的决议侵害妇女权益的，应当责令改正。

第六章 人身权利

第三十七条 国家机关、社会团体、企业事业单位应当依法保障妇女的人身自由和人格尊严等人身权利不受侵害，创造维护妇女人身权利的良好社会环境。

第三十八条 公安机关应当依法打击拐卖、绑架妇女犯罪，及时解救被拐卖、绑架的妇女；民政、人力资源社会保障、卫生等部门应当做好被解救妇女的善后安置工作；妇女联合会应当协助和配合做好被解救妇女的有关工作。

第三十九条 禁止组织、利用会道门、邪教组织或者利用迷信蒙骗妇女。

第四十条 禁止组织、强迫、引诱、介绍、容留妇女在任何场所或者利用互联网进行淫秽表演、提供色情服务。

第四十一条　禁止组织、强迫、引诱、容留女性未成年人参与、表演、观看恐怖、残忍、淫秽、色情或者其他违反社会公德、不利于身心健康的节目和活动。

禁止组织、强迫、引诱、利用女性未成年人、女性残疾人从事街头乞讨等损害其身心健康的行为。

第四十二条　禁止任何人利用与女性未成年人的教养、照管关系对其实施性侵害。父母和其他负有监护责任的单位、人员应当依法履行对女性未成年人的监护职责，学校、幼儿园等教育培训机构应当承担教育管理和保护职责。

第四十三条　禁止以具有性内容或者与性有关的语言、文字、图像、声音、肢体动作等形式对妇女实施性骚扰。

学校、用人单位和公共场所管理单位等应当通过建立适当的环境、制定必要的调查投诉制度等措施，预防和制止对妇女的性骚扰。

受害妇女有权向学校、用人单位、公共场所管理单位和有关部门投诉或者向人民法院起诉。

第四十四条　广播电视、网络、报刊等大众传播媒介以及广告、展览橱窗、商标、商品名称、包装、装潢中不得含有歧视或者侮辱妇女的内容。

第四十五条　任何单位和个人不得非法搜查妇女身体。依法搜查妇女身体的，应当由女性工作人员进行。

第四十六条 地方各级人民政府在城市基础设施建设和提供公共服务时，应当保障妇女的特殊需要。

新建、改建、扩建机场、车站、港口、商场、医院和文化体育等大型公共场所应当按照规定配建保护女性隐私、满足妇女需要的母婴室，提高女性厕位配建比例。

第七章 婚姻家庭权益

第四十七条 家庭成员之间应当互相尊重，建立男女平等、夫妻和睦、文明健康的家庭关系。

地方各级人民政府和妇女联合会等人民团体应当组织开展家庭美德和反家庭暴力宣传教育。

第四十八条 任何人不得干涉妇女的结婚、离婚自主权。男方及其亲属不得侵犯和限制女方的人身自由，不得侵犯女方的居住权。

离婚诉讼期间和夫妻关系被依法解除后，任何人不得干扰女方及与其共同生活的家庭成员的正常生活，不得阻挠女方探望子女。

第四十九条 任何人不得非法剥夺丧偶妇女的遗产继承权，不得阻止其带产再婚。

第五十条　禁止对妇女实施任何形式的家庭暴力。

女性未成年人、老年人、残疾人和孕期、产期、哺乳期以及患重病的妇女遭受家庭暴力的，有关部门应当给予特殊保护。

第五十一条　学校、幼儿园、医疗机构、村民委员会、居民委员会、社会工作服务机构、救助管理机构、福利机构及其工作人员，在工作中发现女性无民事行为能力人、限制民事行为能力人遭受或者疑似遭受家庭暴力的，应当及时向公安机关报案。公安机关应当对报案人的信息予以保密。

公安机关在接到报案或者在工作中发现女性无民事行为能力人、限制民事行为能力人因家庭暴力身体受到严重伤害、面临人身安全威胁或者处于无人照料等危险状态的，应当通知并协助民政部门将其安置到临时庇护场所、救助管理机构或者福利机构。

第五十二条　设区的市、县级人民政府、有条件的乡（镇）人民政府应当设立或者指定妇女庇护场所，为遭受家庭暴力暂时不能归家的妇女及与其共同生活的未成年人和有赡养扶养关系的成年人，按照国家规定提供免费临时庇护和其他临时性救助。妇女庇护场所不受侵犯，禁止任何人非法搜查或者非法侵入庇护场所。

鼓励单位和个人参与庇护、救助受害妇女的工作。

第五十三条　妇女组织应当为家庭暴力受害妇女提供法律咨询、心理疏导等服务，并在其申请伤情鉴定、临时救助、提起诉讼时提供帮助。

第五十四条 地方各级人民政府应当对反家庭暴力工作给予必要的经费保障。

县级以上地方人民政府有关部门、司法机关、妇女联合会应当将预防和制止家庭暴力纳入业务培训和统计工作。

第八章 法律责任

第五十五条 妇女合法权益受到侵害时，受侵害妇女可以要求有关部门依法处理，可以向妇女联合会投诉，也可以依法向仲裁机构申请仲裁或者向人民法院提起诉讼。

第五十六条 县级以上地方人民政府妇女儿童工作委员会对严重侵害妇女权益的行为和造成严重社会影响的侵害妇女儿童权益事件，应当协调督促有关部门依法处理。

第五十七条 公民、法人和其他组织对侵犯妇女合法权益行为向妇女联合会举报或者投诉的，妇女联合会有权向有关单位、知情人了解情况，有关单位以及相关人员应当予以协助。

妇女合法权益受到侵害的，妇女联合会有权要求并协助有关部门或者单位查处，有关部门或者单位应当依法查处并予以答复。

第五十八条 用人单位侵犯女职工劳动权益的，人力资源社会保障等部门应当依法予以查处，并可以会同妇女联合会、工会约谈用人单位负责人；对查处的典型案例，可以向社会公布。

第五十九条　违反本条例第四十四条规定，广播电视、网络、报刊等大众传播媒介以及广告、展览橱窗、商标、商品名称、包装、装潢中含有歧视或者侮辱妇女内容的，由市场监管、文化、广播电视等部门依据各自职责责令改正，并依法给予行政处罚。

第六十条　学校、幼儿园、医疗机构、村民委员会、居民委员会、社会工作服务机构、救助管理机构、福利机构及其工作人员，未依照本条例第五十一条规定向公安机关报案，造成严重后果的，由上级主管部门或者本单位对直接负责的主管人员和其他责任人员依法给予处分。

第六十一条　违反本条例规定，侵害妇女合法权益，构成违反治安管理行为的，由公安机关依法给予治安管理处罚；构成犯罪的，依法追究刑事责任。

第九章　附　则

第六十二条　本条例自 2018 年 6 月 1 日起施行。1994 年 12 月 30 日江苏省第八届人民代表大会常务委员会第十二次会议通过的《江苏省实施〈中华人民共和国妇女权益保障法〉办法》同时废止。

第四部分

《江苏省女职工劳动保护特别规定》知识竞赛试题

单选题

（共 40 题）

1.《江苏省女职工劳动保护特别规定》自（　）起施行。1989 年 2 月 19 日江苏省人民政府发布的《江苏省女职工劳动保护办法》（苏政发〔1989〕24 号）同时废止。

A. 2012 年 4 月 28 日　　B. 2018 年 5 月 2 日

C. 2018 年 7 月 1 日　　D. 2018 年 8 月 1 日

2.《江苏省女职工劳动保护特别规定》的适用范围是本省行政区域内的（　）。

A. 国家机关、人民团体、企业、事业单位的女职工

B. 国家机关、企业、事业单位、社会团体、个体经济组织

C. 国家机关、企业、事业单位、社会团体、个体经济组织以及其他社会组织等用人单位

D. 国家机关、企业、事业单位、社会团体、个体经济组织、民办非企业单位以及其他社会组织等及其女职工

3. 依据《江苏省女职工劳动保护特别规定》，企业、民办非企业单位以及实行企业化管理的事业单位应当就女职工特殊权益

保护与工会开展集体协商，并订立（　　）。

A. 女职工特殊保护专项集体合同（或者在集体合同中专章规定女职工特殊保护内容）

B. 集体合同（或者在集体合同中专章规定女职工特殊保护内容）

C. 劳动合同

D. 专项集体合同

4. 依据《江苏省女职工劳动保护特别规定》，用人单位招用劳动者，除国家规定的不适合妇女的工种或者岗位外，不得以（　）或者变相以（　　）为由拒绝接收符合条件的女性或者提高女性的报名、录用标准。

A. 性别，性别　　B. 性别，身高

C. 相貌，性别　　D. 学历，性别

5. 依据《江苏省女职工劳动保护特别规定》，用人单位录用女职工，不得在劳动合同（含聘用合同，下同）中约定限制女职工（　　）的内容。

A. 恋爱、结婚　　B. 休息、休假

C. 结婚、生育　　D. 晋职、晋级

6. 依据《江苏省女职工劳动保护特别规定》，用人单位不得因女职工结婚、怀孕、生育、哺乳等情形降低其工资和福利待遇、予以辞退、（　　）。

A. 减少晋职机会

B. 增加劳动量

C. 减少培训机会

D. 单方与其解除劳动（含聘用合同）

7. 依据《江苏省女职工劳动保护特别规定》，用人单位应当对本单位的岗位进行划分，明确女职工禁忌从事及在（　　）禁忌从事的劳动岗位。

A. 经期、孕期、产期、更年期

B. 经期、孕期、产期、哺乳期

C. 经期、孕期、哺乳期

D. 孕期、产期、哺乳期

8. 依据《江苏省女职工劳动保护特别规定》，用人单位属于女职工禁忌从事劳动范围的岗位及女职工在经期、孕期、哺乳期禁忌从事劳动范围的岗位，用人单位应当在与女职工订立的劳动合同中明确，或者以其他（　　）形式告知。

A. 口头　　B. 书面

C. 电话　　D. 微信

9. 依据《江苏省女职工劳动保护特别规定》，用人单位应当给予经期女职工哪些保护？（　　）。

A. 不得安排国家规定的经期禁忌从事的劳动，应当暂时调做其他工作，或者休息 1 至 2 天；

B. 对其他工种的女职工，月经过多或者因痛经不能坚持工作的，经医疗机构证明，安排休息 1 至 2 天。

C. 有条件的用人单位，可以每月发放一定的卫生用品或者费用。

D. 以上都是

10. 依据《江苏省女职工劳动保护特别规定》，用人单位安排（　）女职工从事国家规定的孕期禁忌从事的劳动，应当征得女职工同意。

A. 已婚　　B. 已婚待孕

C. 怀孕　　D. 哺乳期

11. 依据《江苏省女职工劳动保护特别规定》，孕期女职工不能适应原劳动的，应当根据（　），予以减轻劳动量或者安排其他能够适应的劳动。

A. 女职工要求　　B. 医疗机构的证明

C. 工会证明　　D. 女职工身体状况

12. 依据《江苏省女职工劳动保护特别规定》，孕期女职工在劳动时间内进行产前检查的，所需时间计入（　）。

A. 病假　　B. 事假

C. 年休假　　D. 劳动时间

13. 依据《江苏省女职工劳动保护特别规定》，女职工怀孕（　），用人单位不得延长劳动时间或者安排夜班劳动，并每日安排不少于 1 小时工间休息。

A. 不满 3 个月　　B. 不满 3 个月和 7 个月以上的

C. 7 个月以上　　D. 8 个月

14. 依据《江苏省女职工劳动保护特别规定》，女职工怀孕（　）或者怀孕 7 个月以上且上班确有困难的，用人单位应当根据医疗机构的证明安排其休息。

A. 不满 3 个月

B. 需要保胎休息

C. 不满 3 个月需要保胎休息

D. 8 个月

15. 依据《江苏省女职工劳动保护特别规定》，女职工怀孕不满 3 个月需要保胎休息或者怀孕 7 个月以上且上班确有困难的，用人单位安排其休息期间的工资按照劳动合同或者集体合同约定计发，但不得低于当地最低工资标准的（　）。

A. 50%　　B. 60%

C. 70%　　D. 80%

16. 依据《江苏省女职工劳动保护特别规定》，女职工生育享受（　）天产假，其中产前可以休假（　）天。

A. 90，15　　B. 98，15

C. 90，10　　D. 98，10

17. 女职工生育符合《江苏省人口与计划生育条例》规定，

延长产假（ ）天；女职工生育难产的，增加产假（ ）天；女职工生育多胞胎的，每多生育 1 个婴儿，增加产假（ ）天。

A. 30，15，15　　B. 15，15，15

C. 15，15，30　　D. 15，30，15

18. 依据《江苏省女职工劳动保护特别规定》，女职工怀孕不满 2 个月流产的，享受不少于（ ）天产假。

A. 15　　B. 20

C. 30　　D. 42

19. 依据《江苏省女职工劳动保护特别规定》，女职工怀孕满 2 个月不满 3 个月流产的，享受不少于（ ）天产假。

A. 15　　B. 20

C. 30　　D. 42

20. 依据《江苏省女职工劳动保护特别规定》，女职工怀孕满 3 个月不满 7 个月流产、引产的，享受不少于（ ）天产假。

A. 15　　B. 20

C. 30　　D. 42

21. 依据《江苏省女职工劳动保护特别规定》，女职工怀孕满 7 个月引产的，享受不少于（ ）天产假。

A. 20　　B. 30

C. 42　　D. 98

22. 依据《江苏省女职工劳动保护特别规定》，女职工实行输卵管结扎或者复通手术的，享受（　）天的假期；放置或者取出宫内节育器的，享受（　）天的假期。

A. 21，2　　B. 30，2

C. 21，3　　D. 30，3

23. 依据《江苏省女职工劳动保护特别规定》，女职工享受产假或者计划生育手术休假期间，按照国家和省规定享受（　）待遇。

A. 职工生育保险

B. 产假前

C. 用人单位上年度职工平均工资

D. 由用人单位和职工协商

24. 依据《江苏省女职工劳动保护特别规定》，女职工产假期满恢复工作时，允许有（　）周时间逐步恢复原定额的工作量。

A. 1　　B. 1 至 2

C. 2　　D. 2 至 3

25. 依据《江苏省女职工劳动保护特别规定》，用人单位原则上应当安排女职工在（　）上班，如因特殊情况需要变动的，应当与女职工协商解决。

A. 女职工要求的岗位　　B. 新岗位

C. 原岗位　　D. 女职工能够适应的岗位

26. 依据《江苏省女职工劳动保护特别规定》，对哺乳未满

（　　）婴儿的女职工，用人单位不得延长劳动时间或者安排夜班劳动。

A. 6 个月　　B. 9 个月

C. 1 周岁　　D. 18 个月

27. 依据《江苏省女职工劳动保护特别规定》，对哺乳未满 1 周岁婴儿的女职工，用人单位应当在每日劳动时间内安排（　　）哺乳时间；女职工生育多胞胎的，每多哺乳 1 个婴儿每天增加（　　）小时哺乳时间。

A. 1 小时，0.5 小时　　B. 0.5 小时，0.5 小时

C. 1 小时，1 小时　　D. 1.5 小时，1 小时

28. 依据《江苏省女职工劳动保护特别规定》，哺乳时间以及在本单位内哺乳往返途中时间计入（　　）。

A. 劳动时间　　B. 带薪年休假时间

C. 病假　　D. 事假

29. 依据《江苏省女职工劳动保护特别规定》，经本人申请，用人单位批准，女职工可以休不超过（　　）的哺乳假，待遇不得低于当地最低工资标准的 80%，超过 6 个月的，待遇由双方协商确定。

A. 3 个月　　B. 6 个月

C. 8 个月　　D. 1 年

30. 依据《江苏省女职工劳动保护特别规定》，女职工（　　）

综合症症状严重，不能适应原岗位工作，申请减轻劳动量或者调整工作岗位的，用人单位应当根据医疗机构证明和实际情况给予适当安排。

A. 经期　　B. 孕期

C. 哺乳期　　D. 更年期

31. 依据《江苏省女职工劳动保护特别规定》，在劳动场所，（　）应当预防和制止对女职工的性骚扰。

A. 职工代表　　B. 工会组织

C. 用人单位　　D. 青年组织

32. 依据《江苏省女职工劳动保护特别规定》，用人单位应当根据女职工的需要，建立（　）等设施，解决女职工在生理卫生、哺乳方面的困难。

A. 女职工卫生室、孕妇休息室、哺乳室

B. 女职工活动室、女职工卫生室、孕妇休息室

C. 女职工更衣室、孕妇休息室、哺乳室

D. 女职工更衣室、女职工活动室、孕妇休息室

33.《江苏省女职工劳动保护特别规定》鼓励用人单位依托社会专业机构建立（　）机构。

A. 女职工活动室　　B. 托幼

C. 托管　　D. 女职工休息哺乳室

34. 依据《江苏省女职工劳动保护特别规定》，用人单位应当

为从事接触职业病危害作业的女职工安排上岗前、在岗期间和离岗时的职业健康检查，承担检查费用，书面告知检查结果，建立（　）档案。

A. 健康　　B. 个人健康

C. 职业健康监护　　D. 职业健康体检

35. 依据《江苏省女职工劳动保护特别规定》，女职工在用人单位安排的时间内进行健康检查的，所需时间计入（　）。

A. 劳动时间　　B. 带薪年休假时间

C. 病假　　D. 事假

36. 依据《江苏省女职工劳动保护特别规定》，用人单位每年至少安排 1 次妇女常见病普查，对年满 35 周岁的女职工应当增加（　）筛查。

A. 妇科疾病及心理疾病　　B. 乳腺癌、宫颈癌

C. 心理疾病及乳腺疾病　　D. 妇科疾病及乳腺疾病

37. 依据《江苏省女职工劳动保护特别规定》，（　）应当加强对女职工劳动保护工作的领导，督促有关行政部门履行女职工劳动保护监督检查职责，将用人单位履行女职工劳动保护职责情况纳入（　）体系，对在女职工劳动保护工作中取得显著成绩的用人单位给予奖励。

A. 县级以上地方人民政府，社会信用

B. 县级以上地方人民政府，社会管理

C. 各级人民政府，社会信用

D. 各级人民政府，社会管理

38. 江苏省县级以上地方人民政府（　　）等有关部门应当按照各自职责，做好女职工劳动保护监督管理工作，宣传普及女职工劳动保护法律知识。

A. 人力资源社会保障、卫生

B. 卫生、安全生产监督管理

C. 人力资源社会保障、安全生产监督管理

D. 安全生产监督管理、应急管理

39. 依据《江苏省女职工劳动保护特别规定》，（　　）依法维护女职工的合法权益和特殊利益，对用人单位遵守女职工劳动保护法律、法规和规章的情况进行（　　）。

A. 工会组织，监督　　B. 工会、妇女组织，监督

C. 工会组织，检查　　D. 工会、妇女组织，检查

40. 用人单位违反《江苏省女职工劳动保护特别规定》，侵害女职工合法权益和特殊利益的，女职工可以依法（　　），依法向劳动人事争议调解仲裁机构申请调解仲裁，对仲裁裁决不服的，依法向人民法院提起诉讼。

A. 检举、申诉　　B. 举报、起诉

C. 投诉、举报、申诉　　D. 举报、检举、起诉

答　案

1. C	2. D	3. A	4. A	5. C
6. D	7. C	8. B	9. D	10. B
11. B	12. D	13. B	14. C	15. D
16. B	17. A	18. B	19. C	20. D
21. D	22. A	23. A	24. B	25. C
26. C	27. C	28. A	29. B	30. D
31. C	32. A	33. B	34. C	35. A
36. B	37. A	38. A	39. B	40. C

学法小记